Bitte einsteigen!

Wörter · Sätze · Situationen

Erstorientierung Deutsch

Aktualisierte Ausgabe

Susan Kaufmann
Lutz Rohrmann
Annalisa Scarpa-Diewald

Alles Digitale zu diesem Buch kann auf der Lernplattform **allango** von Ernst Klett Sprachen abgerufen werden. So geht's:

QR-Code scannen oder **www.allango.net** aufrufen | Buchtitel oder ISBN in der Suche eingeben und auf das Buchcover klicken | Zu Inhalt navigieren, direkt abrufen oder speichern

Ernst Klett Sprachen

Stuttgart

Von
Susan Kaufmann, Lutz Rohrmann, Annalisa Scarpa-Diewald

Projektleitung: Sabine Hoppe
Umschlagsgestaltung: Ulrike Steffen, Karlsruhe
Coverfotos: © Getty Images (stefanamer), München; Getty Images (Courtney Hale), München
Illustrationen: Nikola Lainović

Für die Audios:
Tonstudio: Plan 1, München
Aufnahme, Schnitt, Mischung: Christoph Tampe
Sprecher und Sprecherinnen: Peter Veit, Vanessa Jeker, Ulrike Arnold, Sabine Hoppe, Teresa Immler, Florian Marano, Katharina Pretscher, Annalisa Scarpa-Diewald, Helge Sturmfels

Verlag und Autoren/Autorinnen danken den zahlreichen Helferkreisen und ehrenamtlichen Sprachbegleitern/Sprachbegleiterinnen aus Alfhausen, Erding, Frankfurt, Frohnhausen, Hamburg, Mainz, Mannheim, München, Neufahrn, Seehausen, Stuttgart, Tauberbischofsheim, Wiesbaden und Zorneding sowie Galyna Volokhova, die uns kostbare Anregungen geliefert haben und die Entstehung dieses Heftes beratend begleitet haben.

Besuchen Sie uns auch im Internet: www.klett-sprachen.de/bitte-einsteigen

1. Auflage 1 6 5 4 | 2026 25 24

Satz und Repro: Franzis print & media GmbH, München und Druckhaus Schmid, Jesenwang
Druck und Bindung: Elanders Waiblingen GmbH

ISBN 978-3-12-607274-8

Bitte einsteigen! bietet Ihnen Material, mit dem Ihre Lernenden leicht in die deutsche Sprache einsteigen können und Situationen in ihrem Alltag bewältigen können.

So können Sie mit ***Bitte einsteigen!*** arbeiten:

Meine Wörter und Sätze

Die Lernenden sehen Wort und Bild und sprechen jedes Wort nach – am besten mehrmals. Verwenden Sie dazu unsere App, laden Sie die Audio-Aufnahmen herunter oder sprechen Sie die Wörter selbst vor. Machen Sie Pausen nach Bedarf. Kleine Dialoge, wie sie im Alltag der Unterkunft oft vorkommen, werden ebenfalls gehört und nachgesprochen; ein Bild hilft dabei, den Dialog zu verstehen.
Verbindung Wort-Bild und Satz-Bild – Wörter und Sätze sind illustriert, so dass Ihre Lernenden sie leichter und ohne Übersetzung verstehen können.
Hören – Die Lernenden hören dieselben Wörter und Sätze etliche Male und prägen sich die Aussprache ein.
Nachsprechen – Die Lernenden sprechen die Wörter und Sätze mehrmals nach. So werden sie nachhaltig gespeichert.

Übungen

Die Lernenden gewinnen die nötige Sicherheit, indem sie die zuvor gelernten Inhalte wiederholen: Sie sprechen Sätze in Schritten nach, üben den Rhythmus ein und machen kleine Schreibübungen.
Rhythmusübungen – Korrekte Aussprache und Betonung werden so gefestigt.
Flüssigkeitsübungen – Übungen, in denen aus zwei oder drei Teilen ein Satz geformt wird, unterstützen das flüssige Sprechen.
Schreiben – Wortschatz, der auch im Alltag geschrieben wird (z. B. Personalien), wird aufgeschrieben. Das ist gerade für Zweitschriftlernende wichtig.
Einfache Übungsformate – Mithilfe einfacher Zuordnungsübungen oder kleiner Schreibübungen trainieren die Lernenden den Aufbau von Sätzen.

Situationen

Dieser Abschnitt ermutigt die Lernenden, das Gelernte selbstständig in kleinen Standarddialogen anzuwenden: Wie kann ich in der Unterkunft um ein Handtuch bitten? Wie kaufe ich Lebensmittel? Was sage ich zum Arzt, wenn ich krank bin? Für diese und ähnliche Alltagssituationen fühlen sich die Lernenden damit sprachlich gut vorbereitet.
Situationen im Unterricht und im Alltag – Die Lernenden verwenden Wörter und Sätze in einem Minikontext. Sie lernen, sich verständlich zu machen oder um Hilfe zu bitten.

Egal, wie häufig Menschen in den Kurs einsteigen und wie häufig sie dabei sind: Am Ende jeder Einheit haben sie ein Erfolgserlebnis. Sie haben Situationen kennengelernt und dabei kleine Dialoge erworben, die ihnen in ihren persönlichen Lebenssituationen helfen.

Wir wünschen Ihnen viel Freude und Erfolg beim Unterrichten und Ihren Lernenden einen guten und motivierenden Einstieg in die deutsche Sprache!

Diese Aufgabe ist für die Bearbeitung als Partneraufgabe geeignet.

2 Hier gibt es einen Hörtext. Alle Hördateien sind online zugänglich.

Inhaltsverzeichnis

1 Wie heißen Sie?

Meine Wörter und Sätze

2 **a Sehen Sie die Bilder an. ► Hören Sie. Lesen Sie. ► Sprechen Sie nach.**

Übungen

4 **b Hören Sie. Sprechen Sie nach.**

… Sie?	… heißen Sie?	Wie heißen Sie?
… Peter Berg.	… heiße Peter Berg.	Ich heiße Peter Berg.
… du?	… heißt du?	Wie heißt du?
… Rachel.	… heiße Rachel.	Ich heiße Rachel.

Situationen

c Sprechen Sie.

ich	heiße
du	heißt
Sie	heißen

2 Das Alphabet

Meine Wörter und Sätze

5 **a Hören Sie. ► Sprechen Sie nach.**

A B C D E F G H I J K L M N O
P Q R S T U V W X Y Z Ä Ö Ü
a b c d e f g h i j k l m n o
p q r s t u v w x y z ä ö ü ß

6 **b Hören Sie. ► Sprechen Sie nach.**

a be ce de e ef ge ha i jot ka el em en o pe
qu er es te u vau we ix ypsilon zet ä ö ü eszet

Übungen

c Schreiben Sie.

A

a

d Wie heißen Sie? Schreiben Sie Ihren Namen. ► Buchstabieren Sie Ihren Namen.

Familienname: ____________________ Vorname: ____________________

Situationen

7 **e Hören Sie. Lesen Sie. ► Sprechen Sie nach.**

- Hallo. Ich heiße Mustafa Skeif.
- Wie schreibt man das?
- Mustafa: em u es te a ef a
  Skeif: es ka e i ef.

f Sprechen Sie wie im Beispiel.

Hallo. Ich heiße …

Wie schreibt man das?

3 Hallo und Tschüs

Meine Wörter und Sätze

8 **a Sehen Sie die Bilder an. ► Hören Sie. Lesen Sie. ► Sprechen Sie nach.**

Übungen

9 **b Hören Sie. Sprechen Sie nach.**

… Morgen.	Guten Morgen.
… Tag.	Guten Tag.
… Wiedersehen.	Auf Wiedersehen.

Situationen

c Sprechen Sie.

Guten Morgen.

Guten Tag.

Guten Abend.

Tschüs.

4 Wie heißt das auf Deutsch?

Meine Wörter und Sätze

10 **a** **Sehen Sie die Bilder an. ► Hören Sie. Lesen Sie. ► Sprechen Sie nach.**

der Bleistift

der Kuli

der Marker

der Radiergummi

das Heft

das Buch

das Blatt

das Handy

Übungen

11 **b** **Hören Sie. ► Sprechen Sie nach. Klatschen Sie.**

der **Blei**stift der **Ku**li der **Mar**ker der Ra**dier**gummi

das **Heft** das **Buch** das **Blatt** das **Han**dy

12 **c** **Hören Sie. Schreiben Sie.**

der Kuli ______________________________

13 **d** **Hören Sie. ► Sprechen Sie nach.**

Wie heißt das auf Deutsch?

Situationen

14 **e** **Hören Sie. Lesen Sie. ► Sprechen Sie nach.**

- Wie heißt das auf Deutsch?
- ○ Radiergummi, der Radiergummi.
- Bitte noch einmal.
- ○ Radiergummi, der Radiergummi.
- Bitte langsam.
- ○ R a d i e r g u m m i, d e r R a d i e r g u m m i.
- Danke!

f **Sprechen Sie.**

Wie heißt das auf Deutsch?

1 Woher kommen Sie?

Meine Wörter und Sätze

a Zeigen Sie Ihr Land auf der Karte.

15–16 **b Hören Sie. Lesen Sie. ► Sprechen Sie nach.**

du

- ● Woher kommst du?
- ○ Ich komme aus Eritrea. Und du?
- ● Ich komme aus Deutschland. Aus Frankfurt.

Sie

- ● Woher kommen Sie?
- ○ Ich komme aus Syrien.
- ● Aus Damaskus?
- ○ Nein, aus Aleppo.

Übungen

c Ihr Land: Sprechen Sie. Klatschen Sie.

Deutschland Eri**tre**a **Russ**land **Sy**rien U**kra**ine …

17 **d Hören Sie. Sprechen Sie nach.**

… Sie?	… kommen Sie?	Woher kommen Sie?
… du?	… kommst du?	Woher kommst du?
… Deutschland.	… aus Deutschland.	Ich komme aus Deutschland.

e Woher kommen Sie? Schreiben Sie.

Afghanistan

f Ergänzen Sie.

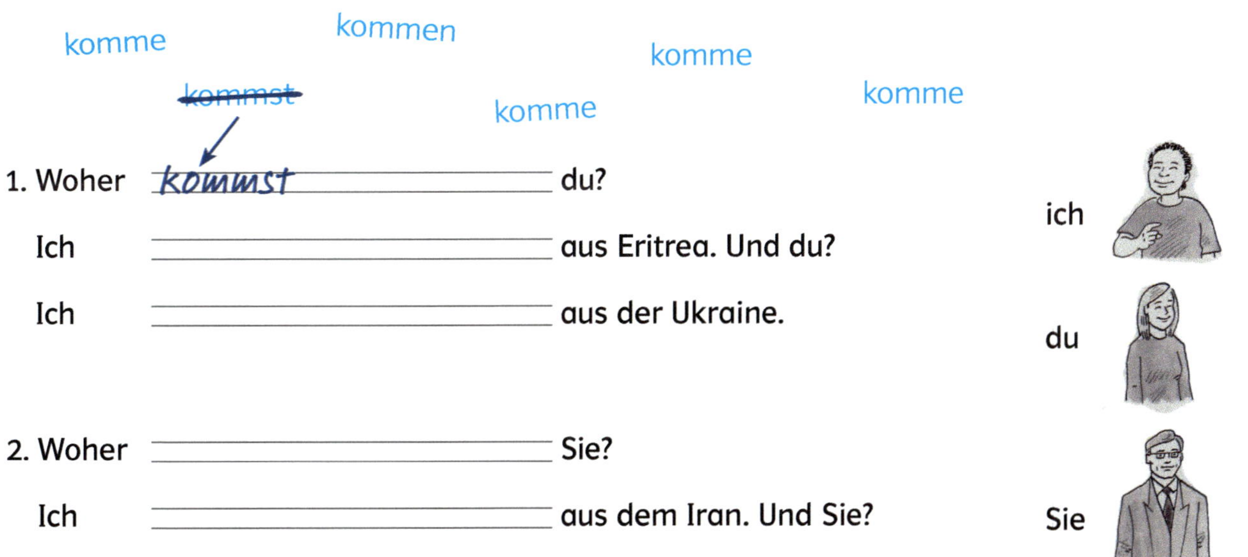

1. Woher kommst du?
   Ich ________ aus Eritrea. Und du?
   Ich ________ aus der Ukraine.

2. Woher ________ Sie?
   Ich ________ aus dem Iran. Und Sie?
   Ich ________ aus Russland.

Situationen

g Sprechen Sie.

Hafsa, woher kommst du?

Ich komme aus Somalia.
Maxim, woher kommst du?

Herr Moros, woher kommen Sie?

Ich komme aus …

ich komm**e**
du komm**st**
Sie komm**en**

2 Sprechen Sie Deutsch?

Meine Wörter und Sätze

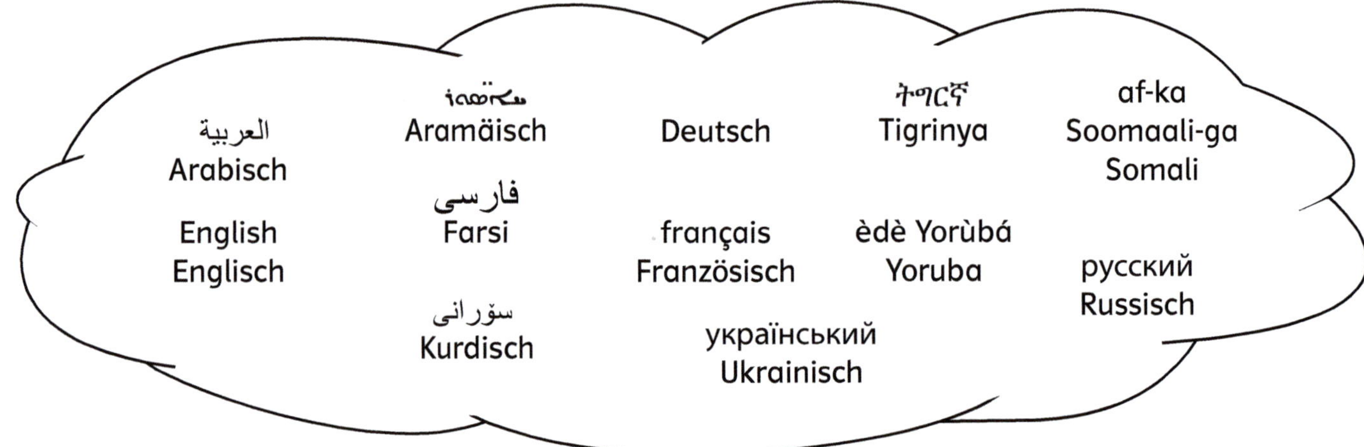

18–19 **a Hören Sie. Lesen Sie. ► Sprechen Sie nach.**

du

- ● Sprichst du Deutsch?
- ○ Ja, ein bisschen.
- ● Woher kommst du?
- ○ Aus Afghanistan.
  Meine Muttersprache ist Farsi.

Sie

- ● Sprechen Sie Arabisch?
- ○ Ja, ich spreche Arabisch und Französisch.
  Meine Muttersprache ist Arabisch.
- ● Woher kommen Sie?
- ○ Aus Syrien.

Übungen

20 **b Hören Sie. Sprechen Sie nach.**

… Deutsch?	Sprichst du Deutsch?
… Deutsch?	Sprechen Sie Deutsch?
… Deutsch.	Ich spreche Deutsch.

ich spreche
du sprichst
Sie sprechen

c Schreiben Sie.

Ich spreche …

Situationen

d Sprechen Sie.

Sprichst du Englisch?

Nein, ich spreche Yoruba.

Sprechen Sie …?

Ja. Ich spreche …

3 Verstehen Sie?

Meine Wörter und Sätze

21 **a Hören Sie. Lesen Sie. ► Sprechen Sie nach.**

Übungen

22 **b Hören Sie. Sprechen Sie nach.**

… nicht.	Ich verstehe nicht.
… bitte langsam.	Sprechen Sie bitte langsam.
… bitte Englisch.	Sprechen Sie bitte Englisch.

c Ordnen Sie zu.

1. Ich heiße — c
2. Ich komme aus
3. Meine Muttersprache ist
4. Ich spreche auch

a Englisch.
b Deutschland.
c Frank Meister.
d Deutsch.

Meister
Familienname

Frank
Vorname

Deutschland
Herkunftsland

Deutsch
Muttersprache

Englisch
andere Sprachen

Situationen

d Füllen Sie das Formular aus. ► Sprechen Sie.

Familienname ____________ Vorname ____________

Herkunftsland ____________

Muttersprache ____________

andere Sprachen ____________

Ich heiße …

Ich komme aus …

Meine Muttersprache ist …

Ich spreche auch …

1 Die Zahlen 1–10

Meine Wörter und Sätze

23 **a Hören Sie. Lesen Sie. ► Sprechen Sie nach.**

0	1	2	3	4	5	6	7	8	9	10
null	eins	zwei	drei	vier	fünf	sechs	sieben	acht	neun	zehn

24–25 **b Hören Sie. Lesen Sie. ► Sprechen Sie nach.**

du

- ● Wie ist deine Telefonnummer?
- ○ 0177 12457803.
- ● Bitte noch einmal.
- ○ 0177 12457803.
- ● Danke.

Sie

- ● Wie ist Ihre Telefonnummer?
- ○ 01742 67890125.
- ● 01742 6 … Bitte noch einmal.
- ○ 01742 67890125.
- ● 01742 67890125?
- ○ Ja, richtig.
- ● Danke.

Übungen

c Sprechen Sie.

null | eins | …

d Ihre Telefonnummer. Schreiben Sie. ► Sprechen Sie.

0 1 5 7 7 9 8 8 6 3 4 5 7

____

Situationen

e Fragen Sie. Antworten Sie.

du

Wie ist deine Telefonnummer?

01345 …

Sie

Wie ist Ihre Telefonnummer?

…

2 Die Zahlen 11–100 – Uhrzeiten

Meine Wörter und Sätze

26 **a Hören Sie. Lesen Sie. ► Sprechen Sie nach.**

11 elf	12 zwölf	13 dreizehn	14 vierzehn	15 fünfzehn
16 sechzehn	17 siebzehn	18 achtzehn	19 neunzehn	20 zwanzig
21 einundzwanzig	22 zweiundzwanzig	23 dreiundzwanzig	24 vierundzwanzig	25 fünfundzwanzig
26 sechsundzwanzig	27 siebenundzwanzig	28 achtundzwanzig	29 neunundzwanzig	30 dreißig

40 vierzig	50 fünfzig	60 sechzig	70 siebzig	80 achtzig	90 neunzig	100 hundert

27 **b Hören Sie. Lesen Sie. ► Sprechen Sie nach.**

Wie spät ist es?

Es ist 8 Uhr.

Es ist 8 Uhr 55.

Es ist 8 Uhr 50.

Es ist 8 Uhr 45.

Es ist 8 Uhr 40.

Es ist 8 Uhr 5.

Es ist 8 Uhr 10.

Es ist 8 Uhr 15.

Es ist 8 Uhr 20.

Es ist 8 Uhr 30.

Übungen

28 **c Hören Sie. Sprechen Sie nach. Klatschen Sie.**

dreizehn **vier**zehn **fünf**zehn **sech**zehn
siebzehn **acht**zehn **neun**zehn **zwan**zig

29 **d Hören Sie. Sprechen Sie nach.**

Situationen

e Fragen Sie. Antworten Sie.

12:15 13:20 14:30 15:45 16:55

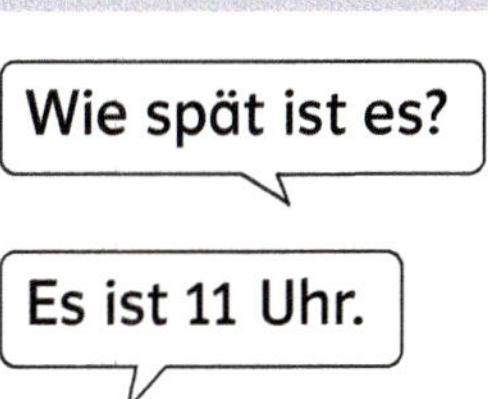

3 Ein Tag

Meine Wörter und Sätze

30 **a Hören Sie. Lesen Sie. ► Sprechen Sie nach.**

der Morgen | der Vormittag | der Mittag | der Nachmittag | der Abend | die Nacht

31–32 **b Hören Sie. Lesen Sie. ► Sprechen Sie.**

● Was machst du heute Morgen?
○ Ich dusche.

● Was machst du heute Abend?
○ Ich sehe fern.

Ich frühstücke. 

Ich checke E-Mails. 

Ich habe Deutschunterricht. 

Ich esse. 

Ich höre Musik. 

Ich gehe spazieren. 

Ich telefoniere. 

Ich koche. 

Ich trinke Tee. 

Ich schlafe. 

Übungen

33 **c Hören Sie. Sprechen Sie nach.**

… Morgen?	… heute Morgen?	Was machst du heute Morgen?
… Unterricht.	… habe Unterricht.	Ich habe Unterricht.
… Nachmittag?	… heute Nachmittag?	Was machst du heute Nachmittag?
… spazieren.	… gehe spazieren.	Ich gehe spazieren.

Situationen

d Was machen Sie? Schreiben Sie.

Ich ______________________________

e Fragen Sie. Antworten Sie.

Was machst du heute Morgen?

Ich habe Deutschunterricht.

Was machst du heute …?

Ich … Wie heißt das auf Deutsch: *play football*?

4 Termine

Meine Wörter und Sätze

34 a **Hören Sie. Lesen Sie. ► Sprechen Sie nach.**

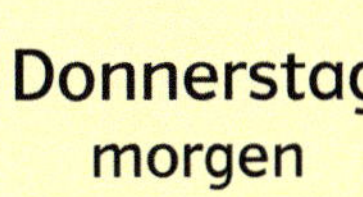

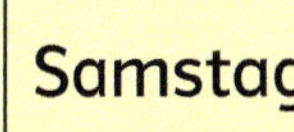

35 b **Hören Sie. Lesen Sie. ► Sprechen Sie nach.**

Beraterin

Montag und Freitag 10 Uhr

Essen

12 Uhr

- ● Wann kommt der Arzt?
- ○ Am Montag um neun Uhr.

- ● Wann ist die Beraterin da?
- ○ Am Montag und Freitag um 10 Uhr.

- ● Wann gibt es Essen?
- ○ Um 12 Uhr.

c **Lesen Sie.**

um + Uhr

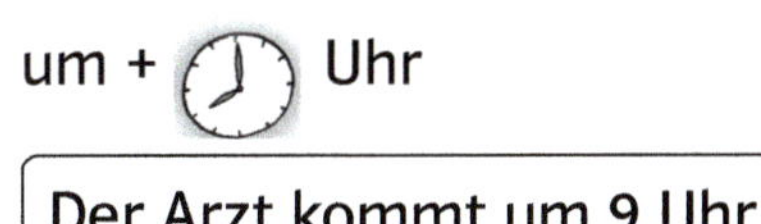

am +

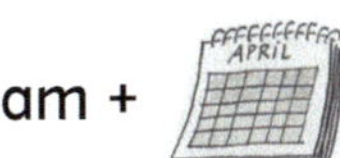

Der Arzt kommt am Montag.

Übungen

36 d **Hören Sie. Sprechen Sie nach.**

... der Arzt?
... Unterricht?
... 10 Uhr.

... kommt der Arzt?
... ist Unterricht?
... um 10 Uhr.

Wann kommt der Arzt?
Wann ist Unterricht?
Heute um 10 Uhr.

Situationen

e **Und bei Ihnen? Schreiben Sie.**

Deutschunterricht	
Freitag	*15 Uhr*
Tag	Uhrzeit

Arzt	
______	______
Tag	Uhrzeit

Essen
______
Uhrzeit

f **Sprechen Sie.**

Wann kommt der Arzt?

Am Montag um 8 Uhr.

Wann ist die Beraterin da?

1 In der Stadt

Meine Wörter und Sätze

37 **a Sehen Sie das Bild an. ► Hören Sie. Lesen Sie. ► Zeigen Sie. Sprechen Sie nach.**

38 **b Sehen Sie die Bilder an. ► Hören Sie. Lesen Sie. ► Sprechen Sie nach.**

Entschuldigung, wo ist die Post?

Gehen Sie geradeaus.

Gehen Sie links.

Gehen Sie rechts.

Gehen Sie an der Kreuzung links.

Gehen Sie an der Ampel links.

Übungen

39 **c Hören Sie. Sprechen Sie nach.**

… rechts.	Gehen Sie rechts.
… geradeaus.	Gehen Sie geradeaus.
… an der Kreuzung links.	Gehen Sie an der Kreuzung links.

Situationen

d Sprechen Sie. Zeigen Sie auf dem Stadtplan.

Entschuldigung, wo ist der Bahnhof?

Gehen Sie links.

Entschuldigung, wo ist …?

e Wo wohnen Sie? Schreiben Sie.

Straße ____________________ Stadt ____________________

2 Die Verkehrsmittel

Meine Wörter und Sätze

40 **a Sehen Sie die Bilder an. ► Hören Sie. Lesen Sie. ► Sprechen Sie nach.**

Nehmen Sie …

das Auto

den Bus

ein Taxi

das Fahrrad

die S-Bahn

die Straßenbahn

den Zug

die U-Bahn

41 **b Hören Sie. Lesen Sie. ► Sprechen Sie nach.**

Entschuldigung, wie komme ich zum Kaufhaus?

Nehmen Sie die U-Bahn.
Nehmen Sie die Straßenbahn.
Nehmen Sie den Bus Nummer 2.

Gehen Sie zu Fuß.

Übungen

42 **c Hören Sie. Sprechen Sie nach.**

… zum Zentrum?	Wie komme ich zum Zentrum?
… zur Schule?	Wie komme ich zur Schule?
… den Bus.	Nehmen Sie den Bus.
… zu Fuß.	Gehen Sie zu Fuß.

der → zum
das → zum
die → zur

Situationen

d Sprechen Sie.

zum Zentrum? zum Supermarkt? zum Bahnhof? zur Schule?

Entschuldigung, wie komme ich zum Zentrum?

Nehmen Sie den Bus.

Entschuldigung, wie komme ich …

…

3 Mit dem Bus fahren

Meine Wörter und Sätze

43 **a Sehen Sie die Bilder an. ► Hören Sie. Lesen Sie. ► Sprechen Sie nach.**

- ● Wie komme ich zum Kaufhaus?
- ○ Nehmen Sie den Bus Nummer 2.

- ● Wo muss ich aussteigen?
- ○ Im Zentrum.

Übungen

44 **b Hören Sie. Sprechen Sie nach.**

… zum Kaufhaus?
… aussteigen?

… komme ich zum Kaufhaus?
… muss ich aussteigen?

Wie komme ich zum Kaufhaus?
Wo muss ich aussteigen?

Situationen

45 **c Hören Sie. Lesen Sie. ► Sprechen Sie nach.**

Das sage ich.
- ● Entschuldigung, können Sie mir helfen?
- ● Wie komme ich zum Bahnhof?
- ● Wo muss ich aussteigen?

Das sagt die andere Person.
- ○ Ja, gerne.
- ○ Nehmen Sie die Straßenbahn, Linie 1.
- ○ Am Hauptbahnhof.

d Sprechen Sie.

Entschuldigung, können Sie mir helfen?

Ja, gerne.

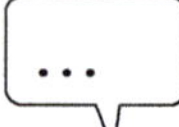

e Wie heißt Ihre Haltestelle? Schreiben Sie.

___

4 Mit dem Zug fahren

Meine Wörter und Sätze

46 **a Sehen Sie die Bilder an. ► Hören Sie. Lesen Sie. ► Sprechen Sie nach.**

Übungen

47 **b Hören Sie. Sprechen Sie nach.**

… Köln, bitte.	… nach Köln, bitte.	Eine Fahrkarte nach Köln, bitte.
… hin und zurück?	… oder hin und zurück?	Einfach oder hin und zurück?
… elf.	… acht Uhr elf.	Um acht Uhr elf.
… bitte.	… Euro, bitte.	11 Euro, bitte.

Situationen

48 **c Hören Sie. Lesen Sie. ► Sprechen Sie nach.**

Das sage ich.
- ● Guten Tag.
  Eine Fahrkarte nach Köln, bitte.
- ● Hin und zurück, bitte.
- ● Wie viel?

Das sagt die Person am Schalter.
- ○ Guten Tag.
  Einfach oder hin und zurück?
- ○ O.k. Hin und zurück. 7 Euro 40, bitte.
- ○ 7 Euro und 40 Cent, bitte.

d Sprechen Sie.

Guten Tag. Eine Fahrkarte nach …

Guten Tag. Einfach oder hin und zurück?

e Wie heißt Ihr Bahnhof? Schreiben Sie.

____

____

1 Was isst du gerne? Was trinkst du gerne?

Meine Wörter und Sätze

49 **a Sehen Sie die Bilder an. ► Hören Sie. Lesen Sie. ► Sprechen Sie nach.**

das Obst

das Fleisch

der Käse

das Gemüse

die Cola

das Wasser

der Saft

der Tee

die Schokolade

der Kuchen

die Nüsse

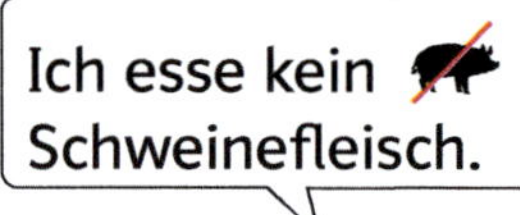

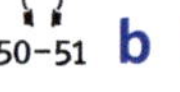
50–51 **b Hören Sie. Lesen Sie. ► Sprechen Sie nach.**

- Was trinkst du gerne?
- Ich trinke gerne Wasser.
- Was isst du gerne?
- Ich esse gerne Käse.

Sie

- Was trinken Sie gerne?
- Ich trinke gerne Saft.
- Was essen Sie gerne?
- Ich esse gerne Kuchen.

Ich esse.

Übungen

52 **c Hören Sie. Sprechen Sie nach.**

… gerne?	… trinkst du gerne?	Was trinkst du gerne?
… Tee.	… trinke gerne Tee.	Ich trinke gerne Tee.
… gerne?	… isst du gerne?	Was isst du gerne?
… Schokolade.	… esse gerne Schokolade.	Ich esse gerne Schokolade.

d Schreiben Sie.

☺ Das esse und trinke ich gerne.

____

☺ Das esse und trinke ich NICHT gerne.

____

Situationen

e Fragen Sie. Antworten Sie.

Was trinkst du gerne?

Ich trinke gerne …

Was isst du gerne?

2 Obst und Gemüse

Meine Wörter und Sätze

53 **a Sehen Sie die Bilder an. ► Hören Sie. Lesen Sie. ► Sprechen Sie nach.**

der Apfel
die Äpfel

die Banane
die Bananen

die Zitrone
die Zitronen

die Tomate
die Tomaten

die Zwiebel
die Zwiebeln

der Knoblauch

die Bohne
die Bohnen

die Zucchini
die Zucchinis

500 Gramm (g)
ein Kilo (kg)

eine Packung

54 **b Hören Sie. Lesen Sie.**

Was möchten Sie?

Vier Zitronen.

500 Gramm Tomaten.

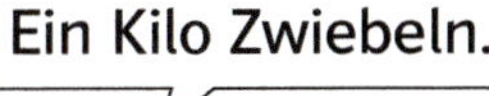

Ein Kilo Zwiebeln.

Eine Packung Äpfel.

Übungen

55 **c Hören Sie. Sprechen Sie nach.**

… Bananen.	… vier Bananen.	Ich möchte vier Bananen.
… Tomaten.	… 500 Gramm Tomaten.	Ich möchte 500 Gramm Tomaten.
… Äpfel.	… ein Kilo Äpfel.	Ich möchte ein Kilo Äpfel.

Situationen

d Eine Einkaufsliste. Schreiben Sie.

Ich brauche:

– Bohnen

e Fragen Sie. Antworten Sie.

Was möchten Sie?

Ich möchte …

3 Lebensmittel und Getränke

Meine Wörter und Sätze

56 **a Sehen Sie die Bilder an. ► Hören Sie. Lesen Sie. ► Sprechen Sie nach.**

der Fisch
die Fische

die Kartoffel
die Kartoffeln

der Reis

die Nudel
die Nudeln

das Ei
die Eier

das Brot
die Brote

das Brötchen
die Brötchen

der Kaffee

die Milch

das Bier

der Zucker

das Salz

der Pfeffer

das Gewürz

die Butter

57–58 **b Hören Sie. Lesen Sie. ► Sprechen Sie nach.**

- ● Was kostet die Milch, bitte?
- ○ Die Milch kostet 1 Euro 19.

- ● Was kosten die Kartoffeln, bitte?
- ○ Die Kartoffeln kosten 1 Euro 89.

Übungen

59 **c Hören Sie. Sprechen Sie nach.**

… bitte?	… der Kaffee, bitte?	Was kostet der Kaffee, bitte?
… 3 Euro 59.	… kostet 3 Euro 59.	Der Kaffee kostet 3 Euro 59.
… bitte?	… die Nudeln, bitte?	Was kosten die Nudeln, bitte?
… 99 Cent.	… kosten 99 Cent.	Die Nudeln kosten 99 Cent.

Situationen

d Fragen Sie. Antworten Sie.

Was kosten die Eier, bitte?

2 Euro 49.

Das ist der Preis. → 1.95
U.H. BUTTER MILDGES. 250G

4 Küche und Tisch

Meine Wörter und Sätze

60 **a Sehen Sie die Bilder an. ► Hören Sie. Lesen Sie. ► Sprechen Sie nach.**

61–62 **b Hören Sie. Lesen Sie. ► Sprechen Sie nach.**

- ● Gibst du mir bitte das Glas?
- ○ Hier bitte.
- ● Danke.

- ● Wo ist die Schüssel?
- ○ Im Schrank.
- ● Und wo sind die Löffel?
- ○ Da hinten.

da hinten

da vorne

Übungen

63 **c Hören Sie. Sprechen Sie nach.**

… das Glas?	Gibst du mir bitte das Glas?
… die Gabel?	Geben Sie mir bitte die Gabel?
… die Schüssel?	Wo ist die Schüssel?
… der Kochlöffel?	Wo ist der Kochlöffel?

du gibst
Sie geben

Situationen

d Sprechen Sie.

Gibst du mir bitte …?

Hier bitte.

Danke.

Wo ist die …?

Da vorne.

1 Der Körper

Meine Wörter und Sätze

64 **a Sehen Sie die Bilder an. ► Hören Sie. Lesen Sie. ► Sprechen Sie nach.**

65–66 **b Hören Sie. Lesen Sie. ► Sprechen Sie nach.**

Übungen

c Schreiben Sie.

das Ohr, die Ohren *der Arm, die Arme*

der	→ mein
das	→ mein
die	→ meine

67 **d Hören Sie. Sprechen Sie nach.**

… weh?	… tut Ihnen weh?	Was tut Ihnen weh?
… tut weh.	… Bein tut weh.	Mein Bein tut weh.
… tut weh.	… Hand tut weh.	Meine Hand tut weh.
… tun weh.	… Ohren tun weh.	Meine Ohren tun weh.

Situationen

e Beim Arzt. Sprechen Sie.

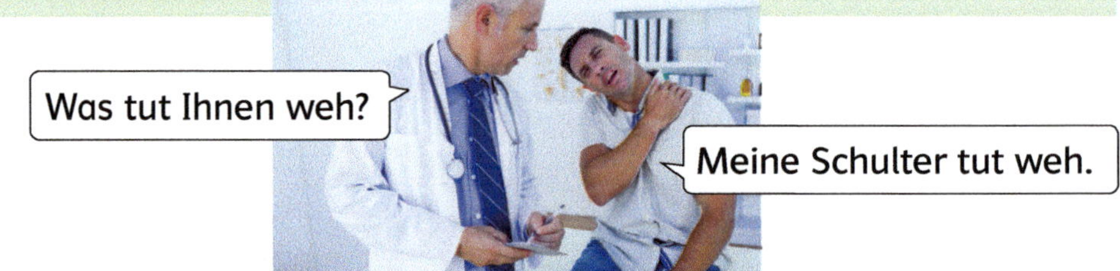

2 Beim Arzt: Ich habe Schmerzen.

Meine Wörter und Sätze

68 **a Sehen Sie die Bilder an. ► Lesen Sie. Hören Sie. ► Sprechen Sie nach.**

Ich habe Rückenschmerzen.

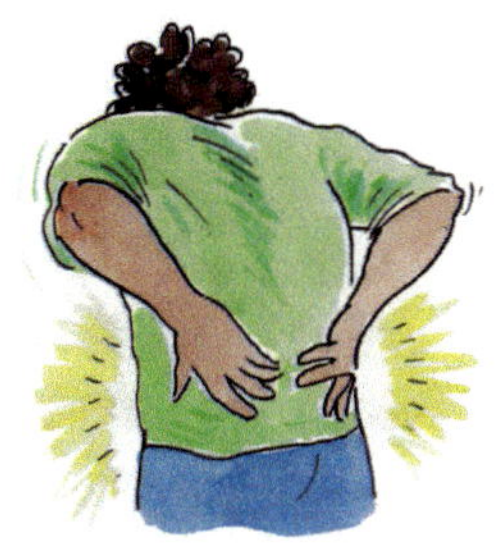

Ich habe Halsschmerzen.

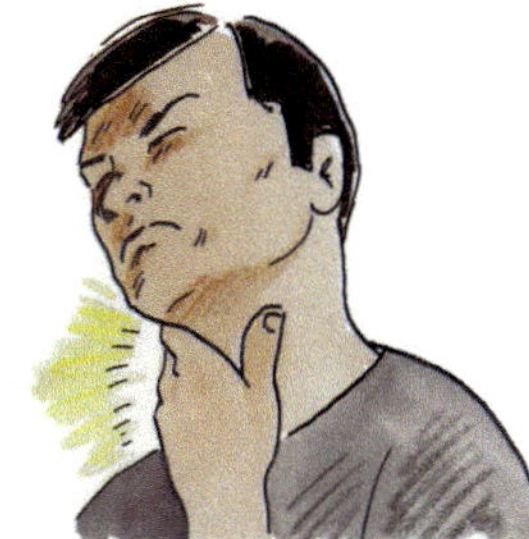

Ich habe Bauchschmerzen.

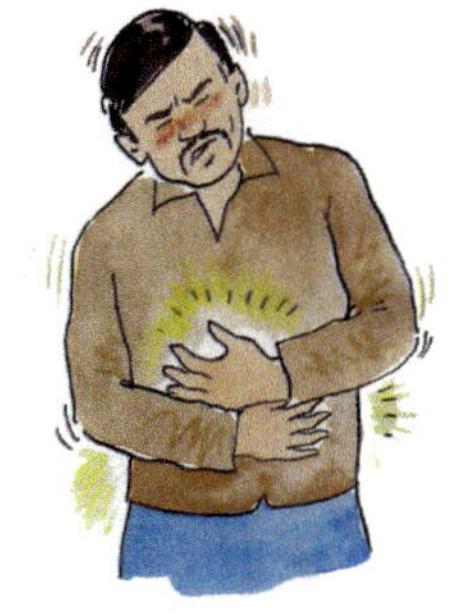

Ich habe Kopfschmerzen.

69 **b Sehen Sie die Bilder an. ► Lesen Sie. Hören Sie. ► Sprechen Sie nach.**

Mein Kind hat Halsschmerzen.

Mein Kind hat Ohrenschmerzen.

Notruf 112

Übungen

70 **c Hören Sie. Sprechen Sie nach.**

… schmerzen.	… Rückenschmerzen.	Ich habe Rückenschmerzen.
… schmerzen.	… Kopfschmerzen.	Ich habe Kopfschmerzen.
… schmerzen.	… Ohrenschmerzen.	Mein Kind hat Ohrenschmerzen.
… schmerzen.	… Bauchschmerzen.	Mein Kind hat Bauchschmerzen.

Situationen

71 **d Hören Sie. Lesen Sie.**

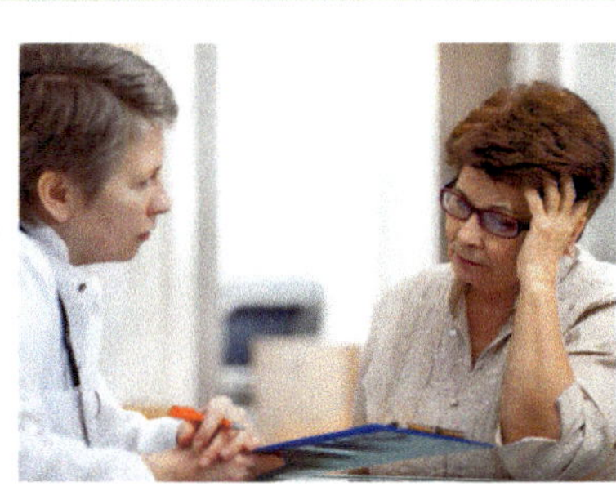

Das sagt die Ärztin.
- Was ist das Problem?
- Wie lange haben Sie die Schmerzen?

Das sage ich.
- Ich habe Kopfschmerzen.
- Fünf Tage.

e Sprechen Sie.

Was ist das Problem?

Ich habe …

Wie lange …

… Tage.

3 Ich bin krank.

Meine Wörter und Sätze

72 **a Sehen Sie die Bilder an. ► Lesen Sie. Hören Sie. ► Zeigen Sie. Sprechen Sie nach.**

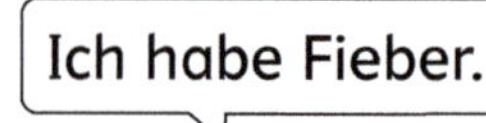

Ich bin müde.

Übungen

73 **b Hören Sie. Sprechen Sie nach.**

… Schnupfen. Ich habe Schnupfen.
… Erkältung. Ich habe eine Erkältung.
… Fieber. Ich habe Fieber.

… müde. Ich bin müde.
… kalt. Mir ist kalt.
… übel. Mir ist übel.

Situationen

74 **c Hören Sie. Lesen Sie. ► Sprechen Sie nach.**

Das sagt der Arzt.
- Was ist das Problem?
- Haben Sie Fieber?
- Haben Sie Allergien?
- Nehmen Sie Medikamente?
- Haben Sie einen Impfpass?

Das sage ich.
- ○ Ich habe Husten.
- ○ Ja.
- ○ Ja, gegen Nüsse.
- ○ Ja, Aspirin.
- ○ Nein.

Nüsse

Medikamente

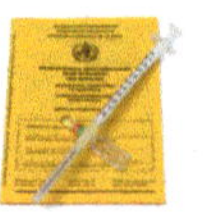
Impfpass

d Sprechen Sie.

- Was ist das Problem?
- Haben Sie …

- ○ Ich habe …
- ○ Ja. …

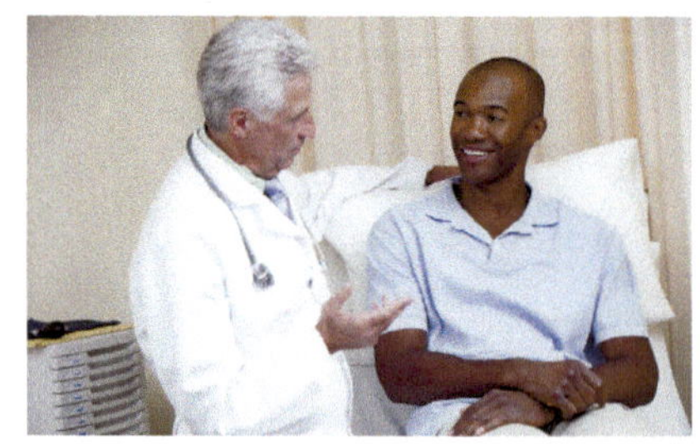

4 In der Apotheke: Ich brauche Medikamente.

Meine Wörter und Sätze

75 **a Sehen Sie die Bilder an. ► Hören Sie. Zeigen Sie. ► Sprechen Sie nach.**

die Tabletten

der Saft

die Tropfen

die Salbe

die Zäpfchen

76–77 **b Hören Sie. Lesen Sie. ► Sprechen Sie nach.**

● Mein Kind hat Fieber.
Ich brauche Medikamente.
○ Möchten Sie Zäpfchen oder Saft?
● Saft, bitte.

● Ich brauche Antibiotika.
○ Haben Sie ein Rezept?
● Nein.
○ Sie brauchen ein Rezept. Gehen Sie bitte zum Arzt.

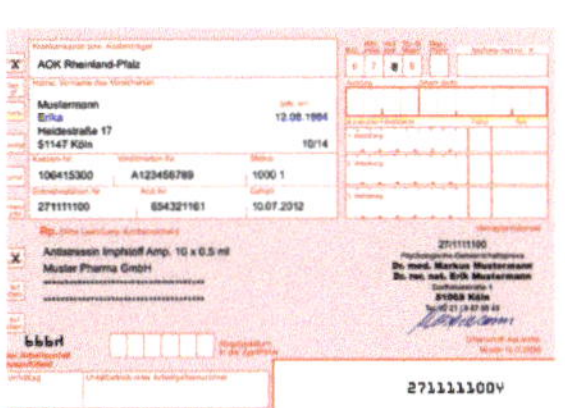
das Rezept

Für viele Medikamente brauchen Sie ein Rezept vom Arzt.

Übungen

78 **c Hören Sie. Sprechen Sie nach.**

… tabletten.	… Schmerztabletten.	Ich brauche Schmerztabletten.
… saft.	… Hustensaft.	Ich brauche Hustensaft.
… Salbe.	… braucht Salbe.	Mein Kind braucht Salbe.
… Zäpfchen.	… braucht Zäpfchen.	Mein Kind braucht Zäpfchen.

Situationen

79–81 **d Hören Sie. Lesen Sie.**

Das sage ich.
● Ich habe Rückenschmerzen.
Ich brauche Schmerztabletten.

● Ich habe Husten.
Ich brauche einen Hustensaft.

● Meine Augen tun weh.
Ich brauche Tropfen.

Das sagt der Apotheker.
○ Nehmen Sie eine Tablette
morgens und abends.

○ Nehmen Sie 3 Löffel
morgens, mittags, abends.

○ Nehmen Sie 3 Tropfen
morgens, mittags, abends.

morgens

mittags

abends

e Sprechen Sie.

1 Wie geht es Ihnen?

Meine Wörter und Sätze

82 **a Hören Sie. Lesen Sie. Zeigen Sie. ► Sprechen Sie nach.**

Super.

Gut.

Es geht.

Nicht so gut.

Schlecht.

83–84 **b Hören Sie. Lesen Sie. ► Sprechen Sie nach.**

- ● Wie geht es dir?
- ○ Super. Und dir?
- ● Nicht so gut.

Sie

- ● Wie geht es Ihnen?
- ○ Danke, gut. Und Ihnen?
- ● Danke, es geht.

Übungen

c Ordnen Sie den Dialog. Schreiben Sie.

Wie geht es dir?	☐	*Hallo Emilia!*
Hallo Emilia!	*1*	
Es geht.	☐	
Hallo Dani.	☐	
Gut. Und dir?	☐	

Situationen

d Sprechen Sie.

e Schreiben Sie.

Hallo Abdi.
Hallo Lena.
Wie geht es dir?
Danke, …

2 Die Familie

Meine Wörter und Sätze

85 **a Sehen Sie die Bilder an. ► Hören Sie. Lesen Sie. Zeigen Sie. ► Sprechen Sie nach.**

86–88 **b Hören Sie. Lesen Sie. ► Sprechen Sie nach.**

Sie

- ● Sind Sie verheiratet?
- ○ Ja. Und Sie?
- ● Nein.

- ● Haben Sie Kinder?
- ○ Ja, zwei Jungen und ein Mädchen. Und Sie?
- ● Ich habe keine Kinder.

du

- ● Bist du verheiratet?
- ○ Ja.
- ● Hast du Kinder?
- ○ Ja, zwei Mädchen.

Übungen

89 **c Hören Sie. Sprechen Sie nach.**

... verheiratet?	Sind Sie verheiratet?
... verheiratet.	Ja, ich bin verheiratet.
... Kinder?	Haben Sie Kinder?
... zwei Kinder.	Ja, ich habe zwei Kinder.

sein	haben
ich bin	ich habe
du bist	du hast
Sie sind	Sie haben

Situationen

d Sprechen Sie.

Sie

du

Hast du Kinder?

e Füllen Sie das Formular aus.

Vorname ____________ Nachname ____________

Familienstand ☐ ledig ☐ verheiratet

Kinder: ____________

3 Gefühle

Meine Wörter und Sätze

90 **a Sehen Sie die Bilder an. ► Hören Sie. Lesen Sie. Zeigen Sie. ► Sprechen Sie nach.**

glücklich

zufrieden

traurig

wütend

91–92 **b Hören Sie. Lesen Sie. ► Sprechen Sie nach.**

du

- ● Wie geht es dir?
- ○ Nicht so gut. Ich bin traurig. Und wie geht es dir?
- ● Schlecht. Ich bin wütend.
- ○ Das tut mir leid.

Sie

- ● Wie geht es Ihnen?
- ○ Super. Ich bin glücklich. Und wie geht es Ihnen?
- ● Gut. Ich bin zufrieden.

Übungen

c Was sagen die Personen? Schreiben Sie.

Ich bin zufrieden.

Situationen

d Sprechen Sie.

du

Sie

Wie geht es Ihnen?

4 Wie alt sind Sie?

Meine Wörter und Sätze

93 **a Hören Sie. Lesen Sie. ► Sprechen Sie nach.**

94 **b Hören Sie. Lesen Sie. ► Sprechen Sie nach.**

Übungen

95 **c Hören Sie. Sprechen Sie nach.**

… du?	… bist du?	Wie alt bist du?
… Sie?	… sind Sie?	Wie alt sind Sie?
… 24.	… bin 24.	Ich bin 24.

In Deutschland sind Sie mit 18 erwachsen!

Situationen

d Sprechen Sie.

Wie alt bist du?

Ich bin 35. Und du?

Ich bin 29.

e Ihr Partner. Sprechen Sie.

Das ist Rosa. Sie ist 35.

Und das ist Nuri. Er ist 29.

f Eine Kursliste. Schreiben Sie.

Nuri ist 29.
Rosa ist 35.
Artem ist 48.

1 Das Datum

Meine Wörter und Sätze

96 **a Die Monate – Sehen Sie die Bilder an. ► Hören Sie. Lesen Sie. ► Sprechen Sie nach.**

Dezember, Januar, Februar

März, April, Mai

Juni, Juli, August

September, Oktober, November

97 **b Das Datum – Hören Sie. Lesen Sie. ► Sprechen Sie nach.**

1. am **ersten**
2. am zwei**ten**
3. am **dritten**
4. am vier**ten**
5. am fünf**ten**
6. am sechs**ten**
7. am sieb**ten**
8. am ach**ten**
9. am neun**ten**
10. am zehn**ten**
11. am elf**ten**
12. am zwölf**ten**

Datum

am ...ten	Monat
am fünften	Januar

98 **c Hören Sie. Lesen Sie. ► Sprechen Sie nach.**

Sie haben einen Termin am fünften Januar.

Ich habe einen Termin am 13. Februar.

Übungen

99 **d Hören Sie. Sprechen Sie nach.**

... dreizehn	... dreizehnten	am dreizehnten
... zwanzig	... zwanzigsten	am zwanzigsten
... am 14. Mai.	... einen Termin am 14. Mai.	Ich habe einen Termin am 14. Mai.
... am 22. März.	... einen Termin am 22. März.	Sie haben einen Termin am 22. März.

Situationen

100 **e Wann ist der Termin? Hören Sie. Schreiben Sie.**

1. Termin: Schule
____

2. Termin: Ausländerbüro
____

3. Termin: Beratungsstelle
____

f Wann haben Sie Geburtstag? Schreiben Sie.

Geburtsdatum: __ __ /__ __ / __ __ __ __

2 Wetter und Kleidung

Meine Wörter und Sätze

101 a **Sehen Sie die Bilder an. ► Hören Sie. Lesen Sie. ► Sprechen Sie nach.**

Es schneit.

Es regnet.

Es ist sonnig.

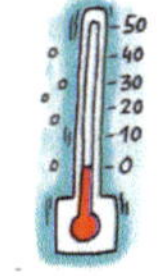
Es ist kalt.

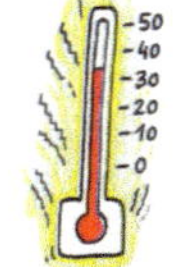
Es ist warm.

102 b **Sehen Sie die Bilder an. ► Hören Sie. Lesen Sie. ► Sprechen Sie nach.**

Was brauchst du?

Ich brauche …

einen Mantel

eine Jacke

einen Anorak

einen Schal

Shorts

ein Kleid

eine Mütze

Handschuhe

Stiefel

eine Hose

einen Pulli

Sandalen

Übungen

103 c **Hören Sie. Sprechen Sie nach.**

… kalt.	Es ist kalt.
… einen Anorak.	Ich brauche einen Anorak.
… warm.	Es ist warm.
… Sandalen.	Ich brauche Sandalen.

Situationen

d **Was brauchen Sie? Schreiben Sie.**

____

____

e **Sprechen Sie.**

Es schneit.	Es ist warm.
Es regnet.	Ich brauche …
Es ist kalt.	

3 Kleidung und Farben

Meine Wörter und Sätze

104 **a Sehen Sie die Bilder an. ► Hören Sie. Lesen Sie. ► Sprechen Sie nach.**

105–106 **b Hören Sie. Lesen Sie. ► Sprechen Sie nach.**

- ● Was brauchen Sie?
- ○ Ein T-Shirt.
- ● Welche Farbe?
- ○ Weiß.
- ● Welche Größe?
- ○ M.

Übungen

c Welche Kleidergröße haben Sie? Schreiben Sie. ► Sprechen Sie.

d Schreiben Sie die Farben.

Situationen

e Was brauchen Sie? Schreiben Sie. ► Sprechen Sie.

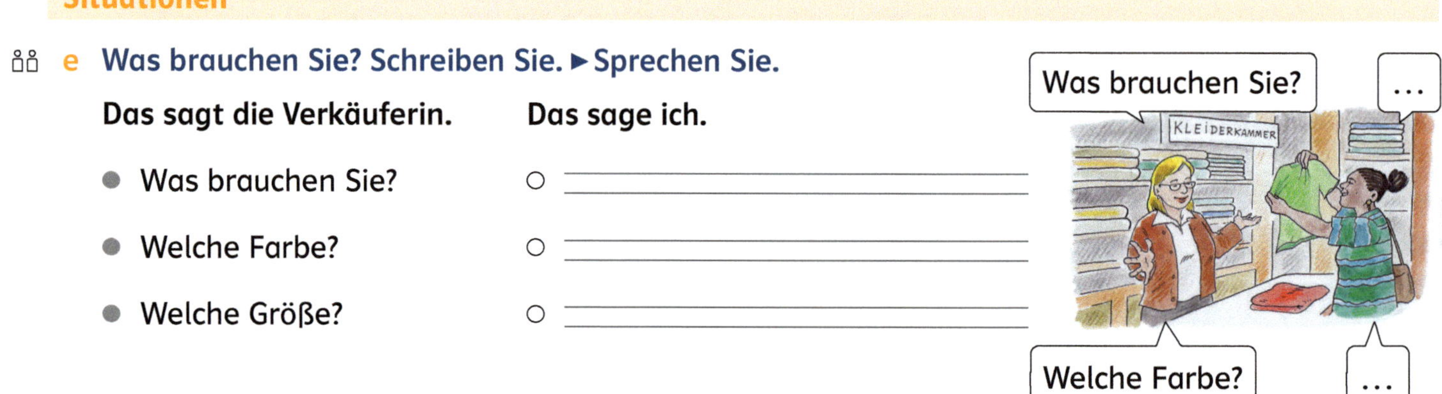

Das sagt die Verkäuferin.	Das sage ich.
● Was brauchen Sie?	○ ______
● Welche Farbe?	○ ______
● Welche Größe?	○ ______

4 Kleidung kaufen

Meine Wörter und Sätze

107 **a Sehen Sie die Bilder an. ► Hören Sie. Lesen Sie. ► Sprechen Sie nach.**

Die Hose passt.

Der Rock passt.

Der Anorak passt.

Die Stiefel passen.

Die Hose passt nicht. Sie ist zu kurz.

Der Rock passt nicht. Er ist zu lang.

Der Anorak passt nicht. Er ist zu klein.

Die Stiefel passen nicht. Sie sind zu groß.

Übungen

108 **b Hören Sie. Sprechen Sie nach.**

… passt.	… Rock passt.	Der Rock passt.
… nicht.	… passt nicht.	Der Rock passt nicht.
… lang.	… zu lang.	Er ist zu lang.
… passen.	… Stiefel passen.	Die Stiefel passen.
… nicht.	… passen nicht.	Die Stiefel passen nicht.
… groß.	… zu groß.	Sie sind zu groß.

Der Rock passt.
Die Stiefel passen.

Situationen

109 **c Hören Sie. Lesen Sie. ► Sprechen Sie nach.**

Das sagt die Verkäuferin.
- Guten Tag.
- Welche Größe?
- Welche Farbe?
- Hier, bitte. Schwarz und Größe L.
- Hier, bitte. Größe M.

Das sage ich.
- Ich brauche eine Jacke.
- Größe L.
- Schwarz, bitte.
- Die Jacke ist zu groß. Ich brauche Größe M.
- Die Jacke passt, danke.

d Sprechen Sie.

Guten Tag.

Ich brauche …

Welche Größe?

…

Es ist heiß.
Ich brauche ein Kleid.

1 Wohnen

Meine Wörter und Sätze

110 **a Hören Sie. Lesen Sie. Zeigen Sie. ▶ Sprechen Sie nach.**

das Zimmer
1. das Bett
2. der Fernseher
3. der Schrank
4. das Regal
5. die Lampe
6. das Sofa

die Küche
7. der Kühlschrank
8. der Herd
9. der Tisch
10. der Stuhl

das Bad
11. die Dusche
12. das Waschbecken
13. die Toilette

14. die Waschmaschine

111–112 **b Hören Sie. Lesen Sie. ▶ Sprechen Sie nach.**

● Wo ist die Waschmaschine, bitte?
○ Im Keller.
● Danke.

● Wo ist die Toilette, bitte?
○ Im ersten Stock ist die Toilette für Frauen. Im Erdgeschoss ist die Toilette für Männer.
● Vielen Dank.

Übungen

113 **c Hören Sie. ▶ Sprechen Sie nach. Klatschen Sie.**

Waschmaschine **Kühl**schrank Toi**let**te **Du**sche **Lam**pe
Fernseher **Zim**mer Re**gal** **So**fa **Wasch**becken **Kü**che

Situationen

d Sprechen Sie.

Wo ist der Herd?

In der Küche. Die Küche ist im Erdgeschoss.

Wo ist …?

Wo ist die Waschmaschine, bitte?

im Bad
im Erdgeschoss
im Keller
in der Küche

2 Ich brauche …

Meine Wörter und Sätze

114–115 **a Hören Sie. Lesen Sie. Zeigen Sie. ► Sprechen Sie nach.**

Ich habe kein Toilettenpapier.
Ich brauche Toilettenpapier.

X kein Shampoo
√ Shampoo

X keine Seife
√ eine Seife

X kein Handtuch
√ ein Handtuch

X keine Bürste
√ eine Bürste

X keinen Rasierer
√ einen Rasierer

X keine Zahnpasta
√ eine Zahnpasta

X keine Zahnbürste
√ eine Zahnbürste

X keinen Fön
√ einen Fön

X keine Creme
√ eine Creme

X kein Deo
√ ein Deo

116–117 **b Hören Sie. Lesen Sie. ► Sprechen Sie nach.**

● Ich habe keinen Fön. Ich brauche einen Fön.
○ Hier, bitte.

● Ich habe kein Handtuch. Ich brauche ein Handtuch.
○ Hier, bitte.

Übungen

118 **c Hören Sie. ► Sprechen Sie nach. Klatschen Sie.**

Shampoo **Sei**fe **Hand**tuch **Bür**ste **Zahn**pasta
Zahnbürste **Cre**me Ra**sie**rer **De**o Toi**let**tenpapier

Situationen

d Was brauchen Sie? Schreiben Sie. ► Sprechen Sie.

Ich brauche ein Deo, Shampoo und eine Creme.

3 Sauber machen

Meine Wörter und Sätze

119 **a Sehen Sie die Bilder an. ► Hören Sie. Lesen Sie. ► Sprechen Sie nach.**

Übungen

b Was brauchen Sie? ► Schreiben Sie.

Ich putze das Bad. *das Putzmittel,* ____________________

Ich bringe den Müll weg. ____________________

Ich spüle das Geschirr. ____________________

c Was machen Sie? Sprechen Sie.

Ich putze den Boden.

Ich putze den Boden.
Ich spüle das Geschirr.

Ich putze den Boden.
Ich spüle das Geschirr.
Ich …

Situationen

d Sprechen Sie.

4 Bitte machen Sie die Heizung an.

Meine Wörter und Sätze

120 a **Hören Sie. Lesen Sie. Zeigen Sie. ► Sprechen Sie nach.**

das Licht

das Fenster

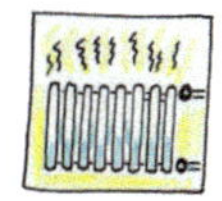
die Tür

die Heizung

warm

kalt

hell

dunkel

121–124 b **Hören Sie. Lesen Sie. ► Sprechen Sie nach.**

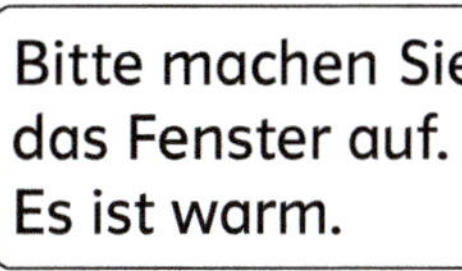

Übungen

125 c **Hören Sie. Sprechen Sie nach.**

… zu.	… das Fenster zu.	Bitte machen Sie das Fenster zu.
… auf.	… die Tür auf.	Bitte machen Sie die Tür auf.
… an.	… das Licht an.	Bitte mach das Licht an.
… aus.	… die Heizung aus.	Bitte mach die Heizung aus.

Situationen

d **Sprechen Sie.**

Du: Bitte mach …
Sie: Bitte machen Sie …

1 Können Sie mir helfen?

Meine Wörter und Sätze

126–129 **a Sehen Sie die Bilder an. ► Hören Sie. Lesen Sie. ► Sprechen Sie nach.**

du

- ● Kannst du mir helfen?
  Ich habe ein Problem.
- ○ Klar. Was ist das Problem?
- ● Wie funktioniert die Waschmaschine?

- ● Kann ich dir helfen?
- ○ Ja, bitte. Wie schreibt man das?
- ● So: …

Sie

- ● Können Sie mir helfen?
  Ich habe ein Problem.
- ○ Ja, gerne. Was ist das Problem?
- ● Wie funktioniert der Automat?

- ● Kann ich Ihnen helfen?
- ○ Ja, bitte.
- ● Gerne.
- ○ Vielen Dank!

Übungen

130 **b Hören Sie. Sprechen Sie nach.**

… helfen?	… mir helfen?	Können Sie mir helfen?
… Problem.	… ein Problem.	Ich habe ein Problem.
… Problem?	… das Problem?	Was ist das Problem?
… helfen?	… ich Ihnen helfen?	Kann ich Ihnen helfen?

Situationen

c Sprechen Sie.

Kannst du mir helfen? — Klar.

Sie

Können Sie mir helfen? — Ja, gerne.

2 Hier darf man …

Meine Wörter und Sätze

131 **a Hören Sie. Lesen Sie. Zeigen Sie. ► Sprechen Sie nach.**

Hier darf man nicht telefonieren.

Hier darf man nicht rauchen.

Hier darf man nicht essen und trinken.

Hier darf man nicht grillen.

Hier darf man nicht schwimmen.

Hier fahren nur Fahrradfahrer.

Hier fahren nur Autos.

Hier spielen Kinder.

Hier gehen Fußgänger.

Hier ist der Notausgang.

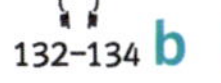

b Hören Sie. Lesen Sie. ► Sprechen Sie nach.

- ● Darf man hier Fahrrad fahren?
- ○ Nein. Hier fahren nur Autos.

- ● Darf man hier gehen?
- ○ Ja, hier gehen Fußgänger.

- ● Darf man hier spielen?
- ○ Ja.

Im Café darf man nicht rauchen.

Übungen

135 **c Hören Sie. Sprechen Sie nach.**

… telefonieren?	… hier telefonieren?	Darf man hier telefonieren?
… rauchen?	… hier rauchen?	Darf man hier rauchen?
… spielen?	… hier spielen?	Darf man hier spielen?

Situationen

d Sprechen Sie.

3 Meine Wünsche und Ziele

Meine Wörter und Sätze

136 **a Sehen Sie die Bilder an. ► Hören Sie. Lesen Sie. ► Sprechen Sie nach.**

Ich möchte …

arbeiten

studieren

Deutsch lernen

zur Schule gehen

Geld verdienen

Freunde finden

Sport machen

ein Auto kaufen

eine Ausbildung machen

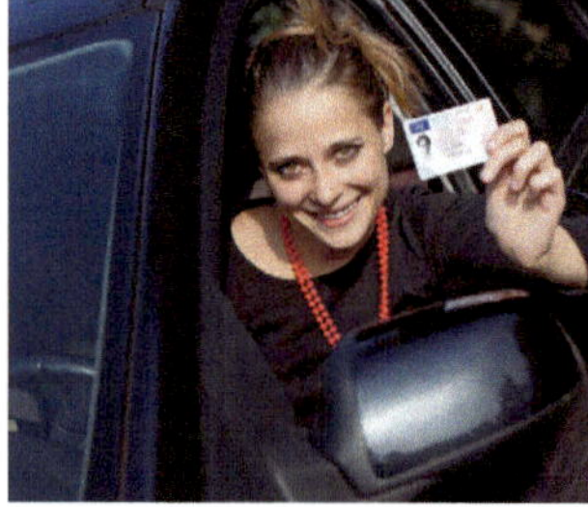
den Führerschein machen

eine Wohnung finden

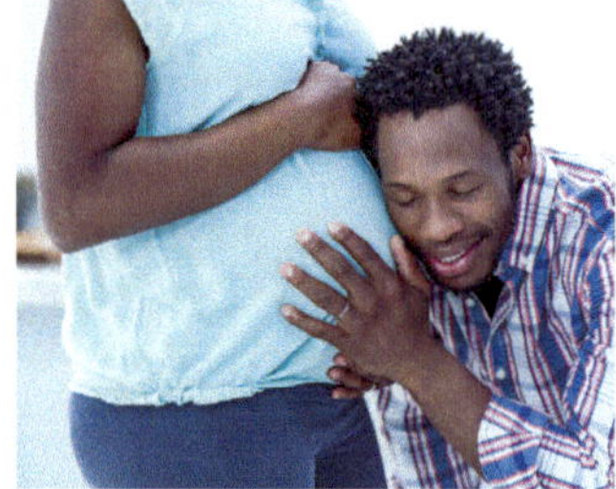
heiraten und Kinder haben

137–138 **b Hören Sie. Lesen Sie. ► Sprechen Sie nach.**

Übungen

139 **c Hören Sie. ► Sprechen Sie nach. Klatschen Sie**

arbeiten stu**die**ren **Deutsch** lernen zur **Schu**le gehen
Geld verdienen eine **Woh**nung finden **Freun**de finden
Sport machen eine **Aus**bildung machen **hei**raten und **Kin**der haben
ein **Au**to kaufen den **Füh**rerschein machen

d Schreiben Sie.

1. irinamöchtedenführerscheinmachen

   Irina möchte den Führerschein machen.

2. fatmamöchteenglischlernen

3. thomasmöchtemedizinstudieren

4. mosimöchteeineausbildungmachen

5. zulamöchtevierkinderhaben

Situationen

e Ihr Ziel. Schreiben Sie.

Ich möchte ...

ich	möcht**e**
du	möcht**est**
er, sie	möcht**e**
Sie	möcht**en**

f Sprechen Sie.

Was möchtest du machen?

Ich möchte eine Ausbildung machen.

Julia möchte Deutsch lernen und studieren.

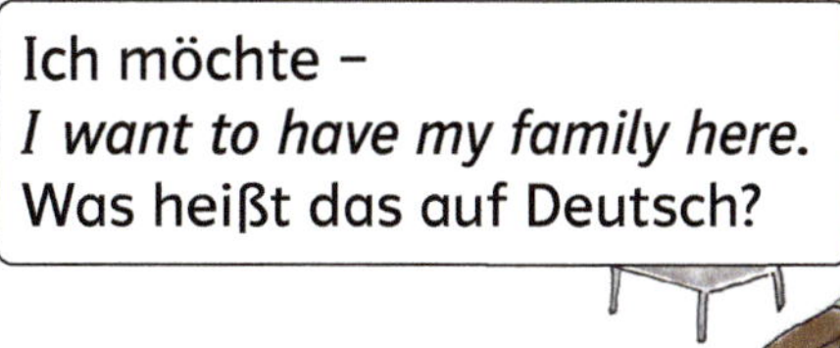

Wichtige Wörter aus Kapitel 1

(Sg.) = nur Singular (Pl.) = nur Plural
blau: maskulin grün = neutrum rot = feminin
a = lang ạ = kurz

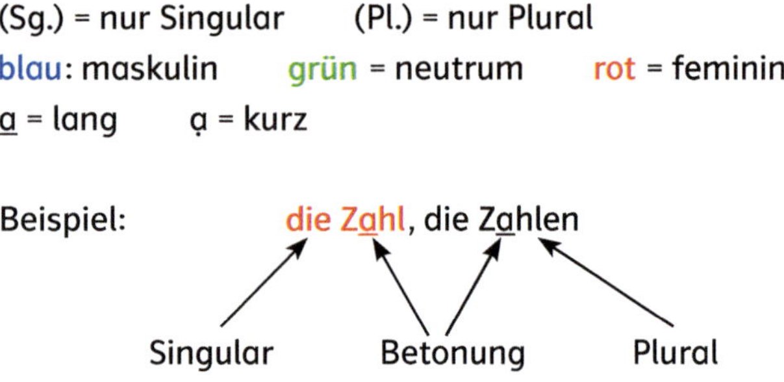

Nomen

der Abend, die Abende ______
das Alphabet (Sg.) ______
das Blạtt, die Blạ̈tter ______
der Bleistift, die Bleistifte ______
das Buch, die Bücher ______
der Familienname, die Familiennamen ______
die Frau, die Frauen ______
das Hạndy, die Hạndys ______
das Hẹft, die Hẹfte ______
der Hẹrr, die Hẹrren ______
der Kuli, die Kulis ______
der Mạrker, die Mạrker ______
der Mọrgen, die Mọrgen ______
die Nạcht, die Nạ̈chte ______
der Radiergummi, die Radiergummis ______
der Tag, die Tage ______
der Vorname, die Vornamen ______

Verben

heißen ______
schreiben ______

Adjektive

gut ______

Andere Wörter

auf Deutsch ______
auf Wiedersehen ______
bịtte ______
dạnke ______
dạs ______
dụ ______
einmal ______
hạllo ______
herein ______
ịch ______
lạngsam ______
nọch ______
Sie ______
tschụ̈s ______
ụnd ______
wie ______
willkọmmen ______

Nomen

die Entschuldigung, die Entschuldigungen ______
die Muttersprache, die Muttersprachen ______
das Land, die Länder ______
Afghanistan ______
Deutschland ______
der Iran ______
Österreich ______
Russland ______
die Schweiz ______
Syrien ______
die Ukraine ______
die Sprache, die Sprachen ______
Arabisch ______
Aramäisch ______
Deutsch ______
Englisch ______
Farsi ______
Französisch ______
Kurdisch ______
Russisch ______
Somali ______
Tigrinya ______
Ukrainisch ______
Yoruba ______

Verben

kommen ______
sein ______
sprechen ______
verstehen ______

Adjektive

laut ______
leise ______

Andere Wörter

auch ______
aus ______
ein bisschen ______
ja ______
nein ______
nicht ______
woher ______

Nomen

der Abend, die Abende ______
der Arzt, die Ärzte ______
die Beraterin, die Beraterinnen ______
der Deutschunterricht (Sg.) ______
der Dienstag, die Dienstage ______
der Donnerstag, die Donnerstage ______
die E-Mail, die E-Mails ______
das Essen (Sg.) ______
der Freitag, die Freitage ______
der Mittag, die Mittage ______
der Mittwoch, die Mittwoche ______
der Montag, die Montage ______
der Morgen, die Morgen ______
die Musik (Sg.) ______
der Nachmittag, die Nachmittage ______
die Nacht, die Nächte ______
der Samstag, die Samstage ______
der Sonntag, die Sonntage ______
der Tag, die Tage ______
der Tee, die Tees ______
der Termin, die Termine ______
die Uhr (Sg.) ______
die Uhrzeit, die Uhrzeiten ______
der Unterricht (Sg.) ______
der Vormittag, die Vormittage ______
die Zahl, die Zahlen ______

Verben

checken ______
duschen ______
essen ______
fernsehen ______
frühstücken ______
haben ______
hören ______
kochen ______
kommen ______
machen ______
schlafen ______
spazieren gehen ______
telefonieren ______
trinken ______

Adjektive

richtig ______
spät ______

Andere Wörter

1 eins ______
2 zwei ______
3 drei ______
4 vier ______
5 fünf ______
6 sechs ______
7 sieben ______
8 acht ______
9 neun ______
10 zehn ______
11 elf ______
12 zwölf ______
13 dreizehn ______
30 dreißig ______
40 vierzig ______
50 fünfzig ______
60 sechzig ______
70 siebzig ______
80 achtzig ______
90 neunzig ______
100 hundert ______
am ______
danke ______
deine ______
ein ______
es ______
es gibt ______
gestern ______
heute ______
Ihre ______
ja ______
morgen ______
um ______
wann ______
was ______
wie ______

Nomen

die Ampel, die Ampeln ______
der Arzt, die Ärzte ______
das Auto, die Autos ______
der Bahnhof, die Bahnhöfe ______
die Bank, die Banken ______
der Bus, die Busse ______
der Euro, die Euros ______
die Fahrkarte, die Fahrkarten ______
der Fahrkartenautomat, die Fahrkartenautomaten ______
das Fahrrad, die Fahrräder ______
der Fuß, die Füße ______
die Haltestelle, die Haltestellen ______
der Hauptbahnhof, die Hauptbahnhöfe ______
das Internetcafé, die Internetcafés ______
das Kaufhaus, die Kaufhäuser ______
der Kindergarten, die Kindergärten ______
die Kreuzung, die Kreuzungen ______
die Nummer, die Nummern ______
der Park, die Parks ______
der Platz, die Plätze ______
die Post (Sg.) ______
die S-Bahn, die S-Bahnen ______
die Schule, die Schulen ______
die Stadt, die Städte ______
die Straße, die Straßen ______
die Straßenbahn, die Straßenbahnen ______
der Supermarkt, die Supermärkte ______
das Taxi, die Taxis ______
die U-Bahn, die U-Bahnen ______
die Unterkunft, die Unterkünfte ______
das Verkehrsmittel, die Verkehrsmittel ______
das Zentrum, die Zentren ______
der Zug, die Züge

Verben

aussteigen ______
fahren ______
gehen ______
helfen ______
können ______
kosten ______
müssen ______
nehmen ______
wohnen ______

Andere Wörter

am ______
an ______
dem ______
den ______
ein ______
eine ______
geradeaus ______
gerne ______
hin ______
links ______
mir ______
mit ______
nach ______
oder ______
rechts ______
um ______
unterwegs ______
wie viel ______
wo ______
zu ______
zum ______
zur ______
zu Fuß ______
einfach und zurück ______

Wichtige Wörter aus Kapitel 5

Nomen

der Apfel, die Äpfel ______
die Banane, die Bananen ______
der Becher, die Becher ______
das Bier, die Biere ______
die Bohne, die Bohnen ______
das Brot, die Brote ______
das Brötchen, die Brötchen ______
die Butter (Sg.) ______
die Cola (Sg.) ______
das Ei, die Eier ______
die Einkaufsliste, die Einkaufslisten ______
der Fisch, die Fische ______
das Fleisch (Sg.) ______
die Gabel, die Gabeln ______
das Gemüse (Sg.) ______
das Getränk, die Getränke ______
das Gewürz, die Gewürze ______
das Glas, die Gläser ______
das Gramm (Sg.) ______
der Kaffee (Sg.) ______
die Kartoffel, die Kartoffeln ______
der Käse (Sg.) ______
das Kilo, die Kilos ______
der Knoblauch (Sg.) ______
der Kochlöffel, die Kochlöffel ______
die Küche, die Küchen ______
der Kuchen, die Kuchen ______
das Lebensmittel, die Lebensmittel ______
der Löffel, die Löffel ______
das Messer, die Messer ______
die Milch (Sg.) ______
die Nudel, die Nudeln ______
die Nuss, die Nüsse ______
das Obst (Sg.) ______
die Packung, die Packungen ______
die Pfanne, die Pfannen ______
der Pfeffer (Sg.) ______
der Preis, die Preise ______
das Regal, die Regale ______
der Reis (Sg.) ______
der Saft, die Säfte ______
das Salz (Sg.) ______
die Schokolade (Sg.) ______
der Schrank, die Schränke ______
die Schüssel, die Schüsseln ______
das Schweinefleisch (Sg.) ______
die Serviette, die Servietten ______
die Tasse, die Tassen ______
der Tee, die Tees ______
der Teller, die Teller ______
der Tisch, die Tische ______
die Tomate, die Tomaten ______
der Topf, die Töpfe ______
das Wasser (Sg.) ______
die Zitrone, die Zitronen ______
die Zucchini, die Zucchinis ______
der Zucker (Sg.) ______
die Zwiebel, die Zwiebeln ______

Verben

brauchen ______
geben ______
möchten ______
trinken ______

Andere Wörter

da ______
hier ______
hinten ______
im ______
kein ______
vorne ______
was ______

Nomen

die Allergie, die Allergien

das Antibiotikum, die Antibiotika

die Apotheke, die Apotheken

der Apotheker, die Apotheker

die Apothekerin, die Apothekerinnen

der Arm, die Arme

das Aspirin (Sg.)

das Auge, die Augen

der Bauch, die Bäuche

die Bauchschmerzen (Pl.)

das Bein, die Beine

die Erkältung, die Erkältungen

das Fieber (Sg.)

der Finger, die Finger

der Fuß, die Füße

das Haar, die Haare

der Hals, die Hälse

die Halsschmerzen (Pl.)

die Hand, die Hände

der Husten (Sg.)

der Hustensaft, die Hustensäfte

der Impfpass, die Impfpässe

das Kind, die Kinder

der Kopf, der Köpfe

die Kopfschmerzen (Pl.)

der Körper, die Körper

die Krankheit, die Krankheiten

das Medikament, die Medikamente

die Nase, die Nasen

der Notruf, die Notrufe

das Ohr, die Ohren

das Problem, die Probleme

das Rezept, die Rezepte

der Rücken, die Rücken

die Rückenschmerzen (Pl.)

der Saft, die Säfte

die Salbe, die Salben

die Schmerztablette, die Schmerztabletten

der Schnupfen (Sg.)

die Schulter, die Schultern

die Tablette, die Tabletten

der Tropfen, die Tropfen

der Zahn, die Zähne

das Zäpfchen, die Zäpfchen

Verben

sagen

tun

weh tun

Adjektive

heiß

kalt

krank

müde

übel

viel, viele

Andere Wörter

abends

beim

dir

für

gegen

Ihnen

in der

mein

meine

mittags

morgens

vom

weh

wie lange

Wichtige Wörter aus Kapitel 7

Nomen

das Befinden (Sg.) __________

die Familie, die Familien __________

der Familienstand (Sg.) __________

die Frau, die Frauen __________

das Gefühl, die Gefühle __________

das Jahr, die Jahre __________

der Junge, die Jungen __________

das Kind, die Kinder __________

das Mädchen, die Mädchen __________

der Mann, die Männer __________

die Mutter, die Mütter __________

der Nachname, die Nachnamen __________

der Vater, die Väter __________

der Vorname, die Vornamen __________

Verben

leid tun __________

Adjektive

erwachsen __________

glücklich __________

gut __________

ledig __________

schlecht __________

super __________

traurig __________

verheiratet __________

wütend __________

zufrieden __________

Andere Wörter

aber __________

er __________

es geht __________

keine __________

sie __________

so __________

wie alt __________

Nomen

der Anorak, die Anoraks
der April (Sg.)
der August (Sg.)
das Ausländerbüro, die Ausländerbüros
die Beratungsstelle, die Beratungsstellen
die Bluse, die Blusen
das Datum (Sg.)
der Dezember (Sg.)
die Farbe, die Farben
der Februar (Sg.)
der Frühling (Sg.)
der Geburtstag, die Geburtstage
die Größe, die Größen
der Handschuh, die Handschuhe
das Hemd, die Hemden
der Herbst (Sg.)
die Hose, die Hosen
die Jacke, die Jacken
das Jahr, die Jahre
der Januar (Sg.)
der Juli (Sg.)
der Juni (Sg.)
das Kleid, die Kleider
die Kleidung (Sg.)
der Mai (Sg.)
der Mantel, die Mäntel
der März (Sg.)
der Monat, die Monate
die Mütze, die Mützen
der November (Sg.)
der Oktober (Sg.)
der Pulli, die Pullis
der Rock, die Röcke
die Sandale, die Sandalen
der Schal, die Schals
die Schule, die Schulen
der September (Sg.)
die Shorts (Pl.)
der Sommer (Sg.)
der Stiefel, die Stiefel
die Strumpfhose, die Strumpfhosen
der Termin, die Termine
das T-Shirt, die T-Shirts
der Verkäufer, die Verkäufer
die Verkäuferin, die Verkäuferinnen
das Wetter (Sg.)
der Winter (Sg.)

Verben

kaufen
passen
regnen
schneien

Adjektive

blau
braun
gelb
grau
groß
grün
heiß – kalt
klein
kurz – lang
lila
orange
rot
schwarz
sonnig
warm
weiß

Andere Wörter

einen
hier
wann
welche
zu groß – zu klein
zu kurz – zu lang

Wichtige Wörter aus Kapitel 9

Nomen

das Bad, die Bäder
der Besen, die Besen
das Bett, die Betten
der Boden, die Böden
die Bürste, die Bürsten
die Creme, die Cremen
das Deo, die Deos
die Drogerie, die Drogerien
die Dusche, die Duschen
der Eimer, die Eimer
das Erdgeschoss, die Erdgeschosse
das Fenster, die Fenster
der Fernseher, die Fernseher
der Fön, die Föne
das Geschirr (Sg.)
das Handtuch, die Handtücher
die Heizung, die Heizungen
der Herd, die Herde
die Hygiene (Sg.)
der Keller, die Keller
die Küche, die Küchen
der Kühlschrank, die Kühlschränke
die Lampe, die Lampen
das Licht (Sg.)
der Müll (Sg.)
der Müllbeutel, die Müllbeutel
der Mülleimer, die Mülleimer
das Putzmittel, die Putzmittel
das Putztuch, die Putztücher
der Rasierer, die Rasierer
das Regal, die Regale
der Schrank, die Schränke
der Schrubber, die Schrubber
der Schwamm, die Schwämme
die Seife, die Seifen
das Shampoo, die Shampoos
das Sofa, die Sofas
die Spülbürste, die Spülbürsten
das Spülmittel, die Spülmittel
der Stock, die Stöcke
der Stuhl, die Stühle
der Tisch, die Tische
die Toilette, die Toiletten
das Toilettenpapier (Sg.)
die Tür, die Türen
das Waschbecken, die Waschbecken
die Wäsche (Sg.)
die Waschmaschine, die Waschmaschinen
das Waschpulver, die Waschpulver
die Zahnbürste, die Zahnbürsten
die Zahnpasta, die Zahnpasta
das Zimmer, die Zimmer

Verben

anmachen
aufmachen
ausmachen
putzen
sauber machen
spülen
waschen
wegbringen
zumachen

Adjektive

dunkel – hell
kalt
sauber
warm

Andere Wörter

erster Stock
für
im
in der
vielen Dank
wer

Nomen

die Ausbildung, die Ausbildungen

der Automat, die Automaten

das Café, die Cafés

das Geld (Sg.)

der Fahrradfahrer, die Fahrradfahrer

der Freund, die Freunde

der Führerschein, die Führerscheine

der Fußgänger, die Fußgänger

der Notausgang, die Notausgänge

der Sport, die Sports

die Wohnung, die Wohnungen

der Wunsch, die Wünsche

das Ziel, die Ziele

Verben

arbeiten

dürfen

finden

funktionieren

grillen

heiraten

leben

lernen

möchten

nicht dürfen

rauchen

schwimmen

spielen

studieren

telefonieren

verdienen

Adjektive

klar

Andere Wörter

im Café

so

wir

zur Schule

zusammen

Situationen in meinem Alltag
Guten Tag, wie heißen Sie?
Ich heiße Maria Volkova.
Woher kommen Sie?
Ich komme aus Syrien.
Sind Sie verheiratet?
Ja.
Entschuldigung, wie
komme ich zum Zentru
Wie ist Ihre Telefonnummer?
0177 51375900.
der Pass
Wie alt sind Sie?
Ich bin 35.
Wo wohnen Sie?
Nalepastraße 8, 12459 Berlin
Was ist das Problem?
Ich habe Husten und Halsschmerzen.
Ich brauche Shampoo und Zahnpasta.
Ich brauche Hustensaft.
Nehmen Sie drei Löffel
morgens, mittags und abends.

Was kostet das Brot, bitte?
3 Euro 99.
Was möchten Sie?
Ich möchte Zwiebeln und drei Zitronen.
Ich brauche einen Anorak. Größe L, bitte.
Hallo, wie geht es dir?
Super, danke! Und dir?
Bitte einsteigen!
Hier darf man nicht rauchen.
Haben Sie Kinder?
Ja, drei: ein Mädchen und zwei Jungen.
Entschuldigung!
Nehmen Sie den Bus. Da rechts ist die Haltestelle.
Wie viel
hr ist es?
Es ist elf Uhr fünfzehn.
Bitte.
Vielen Dank.
Wo ist die Toilette, bitte?
Da vorne rechts.
Auf Wiedersehen!
Tschüs!

Situationen in meinem Alltag	Situations in everyday life	Situations dans ma vie quotidienne
Guten Tag, wie heißen Sie? Hallo, ich heiße …	Hello, what's your name? Hello, my name is …	Bonjour, comment vous appelez-vous ? Salut, je m'appelle…
Woher kommen Sie? Ich komme aus …	Where're you from? I'm from …	D'où venez-vous ? Je viens de…
Sind Sie verheiratet? Ja. / Nein.	Are you married? Yes. / No.	Vous êtes marié/e ? Oui. / Non.
Wie ist Ihre Telefonnummer?	What's your phone number?	Quel est votre numéro de téléphone ?
Wie alt sind Sie? Ich bin … Jahre alt.	How old are you? I'm … years old.	Quel âge avez-vous ? J'ai… ans.
Wo wohnen Sie?	Where do you live?	Où habitez-vous ?
Was ist das Problem? Ich habe Husten und Halsschmerzen.	What's the problem? I have a cough and a sore throat.	Quel est le problème ? Je tousse et j'ai mal à la gorge.
Ich brauche Shampoo und Zahnpasta.	I need shampoo and toothpaste.	Il me faut du shampoing et du dentifrice.
Ich brauche Hustensaft. Nehmen Sie drei Löffel morgens, mittags und abends.	I need cough syrup. Take three spoons in the morning, afternoon and at night.	Il me faut un sirop contre la toux. Prenez-en trois cuillerées le matin, à midi et le soir.
Was kostet das Brot, bitte?	How much is this loaf of bread, please?	Combien coûte le pain, s'il vous plaît ?
Was möchten Sie? Ich möchte Zwiebeln und drei Zitronen.	What can I get you? I'd like to have onions and three lemons.	Que désirez-vous ? Je voudrais des oignons et trois citrons.
Ich brauche einen Anorak. Größe L, bitte.	I'm looking for an anorak. Size L, please.	Il me faut un anorak. Taille L (= 42), s'il vous plaît.
Hallo, wie geht es dir? Super, danke! Und dir?	Hello, how are you? Great, thanks. And you?	Salut ! Comment vas-tu? Super, merci ! Et toi ?
Haben Sie Kinder? Ja, drei: ein Mädchen und zwei Jungen.	Do you have children? Yes, three: a girl and two boys.	Avez-vous des enfants ? Oui, trois : une fille et deux garçons.
Hier darf man nicht rauchen. Entschuldigung!	You're not allowed to smoke here. Sorry!	Ici, on a le droit de fumer. Pardon ! Excusez-moi !
Nehmen Sie den Bus. Da rechts/links ist die Haltestelle.	Take the bus. Over there to the right / left is the bus stop.	Prenez le bus. L'arrêt es là à droite / à gauche.
Wie viel Uhr ist es? Es ist drei Uhr fünfzehn.	What time is it? It's fifteen minutes past three.	Quelle heure est-il ? Il est trois heures quinze.
Wo ist die Toilette, bitte? Da vorne. / Da hinten.	Where's the toilet, please? In the front. / In the back.	Où sont les toilettes, s'il vous plaît ? Là, devant. / Là, au fond.
Vielen Dank. Bitte.	Thank you very much. You're welcome.	Merci beaucoup. De rien, je vous en prie.
Auf Wiedersehen! Tschüs!	Good bye. Bye.	Au revoir ! Salut !

Ситуації у моєму повсякденному житті	Ситуации в моей повседневной жизни	مواقف في حياتي اليومية
Доброго дня, як Вас звати? Привіт, мене звати …	Добрый день, как Вас зовут? Привет, меня зовут …	يوم سعيد (مرحبا) ، كيف حالك؟ مرحبا،انا اسمي …
Звідки Ви? Я з …	Откуда Вы? Я с …	من اي بلد انت؟ اني من….
Ви одружений/а? Так./ Ні.	Вы женаты/замужем? Да. / Нет.	هل انت متزوج؟ نعم / لا
Який Ваш номер телефону?	Какой Ваш номер телефона?	ما هو رقم هاتفك؟
Скільки Вам років? Мені …. років.	Сколько Вам лет? Мне … лет.	كم هوعمرك؟ انا عمري ……. سنه.
Де Ви живете?	Где Вы живёте?	اين تسكن؟
У чому проблема? У мене кашель та біль у горлі.	Что за проблема? У меня кашель и боль в горле.	ما هي المشكلة ؟ عندي سعال والم في الحلق.
Мені потрібна шампунь та зубна паста.	Мне нужна шампунь и зубная паста.	انا احتاج الشامبو و معجون الأسنان.
Мені потрібна мікстура від кашлю. Приймайте по три ложки щоранку, вдень та щовечора.	Мне нужна микстура от кашля. Принимайте по три ложки утром, и в обед вечером.	انا بحاجة إلى شراب السعال. خذ ثلاث ملاعق في الصباح، الظهر وفي المساء.
Скажіть, будь ласка, скільки коштує хліб?	Скажите, пожалуйста, сколько стоит хлеб?	كم سعر الخبز رجاء ؟
Що Ви бажаєте? Я хотів би цибулю та три лимона.	Что Вы желаете? Я хотел бы лук и три лимона.	ماذا تريد؟ اريد البصل وثلاث حبات من الليمون .
Мені потрібна куртка розміру L, будь ласка.	Мне нужна куртка размера L, пожалуй-ста.	انا بحاجة إلى سترة. قياس كبير ل رجاء؟
Привіт, як у тебе справи? Дякую, супер! А у тебе?	Привет, как у тебя дела? Спасибо, супер! А у тебя?	مرحبا، كيف حالك؟ جيد،شكرا، وانت؟
У Вас є діти? Так, троє: дівчинка та двоє хлопчиків.	У Вас есть дети? Да, трое: девочка и двое мальчиков.	هل لديك أطفال؟ نعم ثلاثة: بنت و ولدان
Тут не можна курити. Вибачте!	Здесь нельзя курить. Извините!	هنا غير مسموح بالتدخين ؟ عفوا(المعذره)
Сідайте в автобус. Там праворуч/ліворуч зупинка.	Садитесь в автобус. Там справа/слева остановка.	خذ الحافلة. إلى اليمين/ الى اليسار محطة الوقوف
Котра година? Чверть на четверту.	Который час? Четверть четвёртого.	كم الساعه هي الان؟ انها الساعه الثالثه وخمسة عشرة دقيقه.
Підкажіть, будь ласка, де туалет? Там попереду. / Там позаду.	Подскажите, пожалуйста, где туалет? Там впереди. / Там позади.	اين الحمام رجاء؟ هنا في المقدمة/ هنا في الخلف.
Дуже дякую. Будь ласка.	Большое спасибо. Пожалуйста.	شكرا جزيلا عفوا
До побачення! Пока!	До свидания! Пока!	إلى اللقاء مع السلامة

Wichtige Sätze	Important phrases	Phrases importantes
Guten Tag, wie heißen Sie?	What's this in German?	Comment dire en allemand ?
Was heißt „Hose“ auf Englisch?	How do you say „Hose“ in Englisch?	Comment dire “Hose” en anglais ?
Was bedeutet …?	What does … mean?	Qu'est-ce que … veut dire ?
Das weiß ich nicht.	I don't know.	Je ne sais pas.
Wie schreibt man das?	How do you write this?	Comment est-ce qu'on écrit cela ?
Können Sie das bitte aufschreiben?	Could you please write it down?	Pourriez-vous l'écrire, s'il-vous-plaît ?
Ich habe eine Frage.	I have a question.	J'ai une question.
Ich verstehe Sie nicht.	I don't understand.	Je ne comprends pas.
Ich habe das nicht verstanden.	I didn't understand that.	Je n'ai pas compris.
Sprechen Sie bitte langsam.	Could you speak slowly, please?	Parlez lentement, s'il vous plaît.
Sprechen Sie bitte laut.	Could you speak louder, please?	Parlez plus fort, s'il vous plaît.
Sprechen Sie bitte Englisch.	Could you say it in English, please?	Pourriez-vous le dire en anglais, s'il vous plaît ?
Können Sie mir helfen?	Can you help me?	Pourriez-vous m'aider, s'il vous plaît ?
Ich habe ein Problem.	I have a problem.	J'ai un problème.
Wiederholen Sie, bitte.	Could you repeat, please.	Répetez, s'il vous plaît.
Wie bitte?	I beg your pardon.	Pardon ?
Ich brauche …	I need …	J'ai besoin de…
Wo finde ich …?	Where do I find …?	Où puis-je trouver… ?
Kommen Sie, bitte.	Come with me, please.	Venez, s'il vous plaît.
Warten Sie, bitte.	Wait here, please.	Attendez, s'il vous plaît.
Unterschreiben Sie bitte hier.	Sign here, please.	Signez ici, s'il vous plaît.

Arbeitsanweisungen	Instructions	Instructions
Sehen Sie die Bilder an.	Look at the pictures.	Regardez les images.
Hören Sie.	Listen.	Écoutez.
Lesen Sie.	Read.	Lisez.
Sprechen Sie nach.	Repeat.	Répétez.
Sprechen Sie.	Talk.	Parlez.
Schreiben Sie.	Write.	Écrivez.
Fragen Sie. Antworten Sie.	Ask. Answer	Posez des questions. Répondez.
Klatschen Sie.	Clap your hands.	Frappez dans vas mains.
Zeigen Sie.	Point to the things.	Montrez.
Zeigen Sie Ihr Land auf der Karte.	Point to your country on the map.	Montrez votre pays sur la carte.
Zeigen Sie auf dem Stadtplan.	Point to the things on the city map.	Montrez sur le plan.
Ordnen Sie zu.	Match.	Faites correspondre.
Ordnen Sie den Dialog.	Put the dialogue in the right order.	Mettez le dialogue dans l'ordre.
Füllen Sie das Formular aus.	Fill in the form.	Remplissez le formulaire.
Meine Wörter und Sätze	My words and phrases	Mes mots, mes phrases
Übungen	Exercises	Exercices
Situationen	Situations	Situations

Важливі речення	Важные предложения	جمل مهمة
Як це називається на німецькій?	Как это называется на немецком?	ماذا يعنى هذا باللغة الألمانية؟
Як називаються «Штани» на англійській?	Как называются «Штаны» на английском?	ماذا تعنى كلمة „بنطلون" باللغة الإنجليزية؟
Що означає … ?	Что означает …?	ماذا يعنى ...؟
Цього я не знаю.	Этого я не знаю.	لا أعرف هذا.
Як це пишеться?	Как это пишется?	كيف يكتب المرء ذلك؟
Ви можете це записати, будь ласка?	Вы можете это записать, пожалуйста?	هل يمكنك ان تكتب ذلك من فضلك؟
У мене є запитання.	У меня есть вопрос.	لدى سؤال.
Я Вас не розумію.	Я Вас не понимаю.	لا أفهمك.
Я це не зрозумів.	Я это не понял.	لم أفهم ذلك.
Говоріть, будь ласка, повільно.	Говорите, пожалуйста, медленно.	تحدث من فضلك ببطء
Говоріть, будь ласка, голосно.	Говорите, пожалуйста, громко.	تحدث من فضلك بصوت عال
Говоріть, будь ласка, англійською.	Говорите, пожалуйста, на английском.	تحدث من فضلك باللغة الإنجليزية
Ви можете мені допомогти?	Вы можете мне помочь?	هل يمكنك مساعدتى؟
У мене проблема.	У меня проблема.	لدي مشكلة
Повторіть, будь ласка.	Повторите, пожалуйста.	كرر ذلك من فضلك
Що?	Что?	عفوا (ماذا قلت)؟
Мені потрібно …	Мне нужно …	أنا أحتاج...
Де я можу знайти …?	Где я могу найти …?	كيف أجد ...؟
Проходьте, будь ласка.	Проходите, пожалуйста.	تعال ارجوك
Зачекайте, будь ласка.	Подождите, пожалуйста.	انتظر من فضلك.
Підпишіть, будь ласка, тут.	Подпишите здесь, пожалуйста.	قم بالتوقيع هنا من فضلك.

Робочі інструкції	Рабочие инструкции	تعليمات العمل
Подивіться на картинки.	Посмотрите на картинки.	انظر إلى الصور
Послухайте.	Послушайте.	استمع
Читайте.	Читайте.	إقرأ
Повторіть.	Повторите.	ردد خلف المتحدث
Говоріть.	Говорите.	تحدث
Пишіть.	Пишите.	اكتب
Запитайте. Відповідайте.	Спрашивайте. Отвечайте.	اسأل وأجب
Поплескайте в долоні.	Похлопайте.	صفقوا بأيديكم
Покажіть.	Покажите.	قم بالإشارة
Покажіть свою країну на карті.	Покажите свою страну на карте.	قم بالإشارة إلى بلدك على الخريطة.
Покажіть на карті міста.	Покажите на карте города.	وضح على خريطة المدينة
Впорядкуйте.	Упорядочьте.	رتب مع ما يناسب
Впорядкуйте діалог.	Упорядочьте диалог.	رتب المحادثة
Заповніть формуляр.	Заполните формуляр.	قم بملئ الإستمارة

Мої слова та речення	**Мои слова и предложения**	**كلماتي و جملي .**
Вправи	**Упражнения**	**تمارين**
Ситуації	**Ситуации**	**مواقف.**

Grammatik

Wichtige Verben

	heißen	kommen	sprechen	sein	machen
ich	heiße	komme	spreche	bin	mache
du	heißt	kommst	sprichst	bist	machst
er, es, sie	heißt	kommt	spricht	ist	macht
wir	heißen	kommen	sprechen	sind	machen
ihr	heißt	kommt	sprecht	seid	macht
sie, Sie	heißen	kommen	sprechen	sind	machen

	essen	trinken	geben	kaufen	brauchen
ich	esse	trinke	gebe	kaufe	brauche
du	isst	trinkst	gibst	kaufst	brauchst
er, es, sie	isst	trinkt	gibt	kauft	braucht
wir	essen	trinken	geben	kaufen	brauchen
ihr	esst	trinkt	gebt	kauft	braucht
sie, Sie	essen	trinken	geben	kaufen	brauchen

Artikel

der, ein, mein	Pulli
das, ein, mein	Tuch
die, eine, meine	Jacke
die, –, meine	Socken

Pronomen

ich	mein, meine
du	dein, deine
er	sein, seine
es	sein, seine
sie	ihr, ihre
wir	unser, unsere
ihr	euer, eure
sie	ihr, ihre
Sie	Ihr, Ihre

W-Fragen	Antworten
Wie heißen Sie?	Ich heiße Danylo.
Wo wohnen Sie?	Ich wohne in Köln.
Woher kommen Sie?	Ich komme aus der Ukraine.
Wie spät ist es?	Es ist 12 Uhr.
Wann kommt der Arzt?	Der Arzt kommt um 13 Uhr.

haben	gehen	nehmen	fahren
habe	gehe	nehme	fahre
hast	gehst	nimmst	fährst
hat	geht	nimmt	fährt
haben	gehen	nehmen	fahren
habt	geht	nehmt	fahrt
haben	gehen	nehmen	fahren

wohnen	können	dürfen	möchten
wohne	kann	darf	möchte
wohnst	kannst	darfst	möchtest
wohnt	kann	darf	möchte
wohnen	können	dürfen	möchten
wohnt	könnt	dürft	möchtet
wohnen	können	dürfen	möchten

Nominativ

Was kostet der/ein Rock?
Was kostet das/ein Tuch?
Was kostet die/eine Jacke?
Was kosten die Socken?

Akkusativ

Ich brauche ein**en** Rock.
Nehmen Sie **den** Bus.

Wann? / Wo? / Wohin?

Wann? / Wo? / Wohin?
am Montag, Dienstag …
im Januar, Februar …
um 15:00 Uhr

im Keller, im Zentrum
in der Küche

zum Zentrum
zur Schule

Ja/Nein-Fragen	Antworten
Heißen Sie Roman Tarasov?	**Ja.** **Nein**, ich heiße Bogdan Tarasov.
Wohnen Sie in Köln?	**Ja.** **Nein** ich wohne in Bonn.
Kommen Sie aus Serbien?	**Ja.** **Nein**, ich komme aus der Ukraine.

Quellen

alle Fotos von links nach rechts und von oben nach unten

S. 9: Shutterstock: Skylines, Feliks Gurevich, Tatiana Popova, Lipskiy, Crepesoles, Phonlamai Photo, ILYA AKINSHIN, Maksim Kabakou
S. 10: Fotolia.com: kartoxjm
S. 13: Shutterstock: sylv1rob1
S. 17: Shutterstock: Minerva Studio, Axel Bueckert, SpeedKingz
S. 22: Shutterstock: Karramba Production, gresei, Africa Studio, AlinaMD, Gtranquillity, Yuri Samsonov, Mariusz Szczygiel, Preto Perola, Lukas Gojda, Everything, kuvona, ArtHeart, All kind of people, Chirtsova Natalia, Tobik
S. 23: Shutterstock: bergamont, Maks Narodenko, Valentyn Volkov, Tim UR, Nattika, Timmary, Sarah Marchant, SOMMAI, Dmitry Kovtun, CHANG JO-YI, bikeriderlondon
S. 24: Shutterstock: Veronika Synenko, Deep OV, Somchai Som, oriori, Nattika, monticello, schubbel, Anatoly Tiplyashin, Andrey_Kuzmin, Florin Burlan, Garsya, Hurst Photo, Hurst Photo, Potapenko Ivan, Svetlana Kuznetsova; Lutz Rohrmann
S. 26: Thinkstock: feedough; Shutterstock: wavebreakmedia
S. 27: Shutterstock: Deyan Georgiev, wavebreakmedia, Deyan Georgiev, Alexander Raths
S. 28: Shutterstock: konzeptm, 5 second Studio, Studio 52, Pandorabox, pathdoc, fakezzz, liza54500, pathdoc, Zerbor, Thomas Ramsauer, kuvona, Monkey Business Images
S. 29: Shutterstock: Jiri Hera, ajt, exopixel, Evgeny Tomeev, FabrikaSimf, Blend Images; Wikimedia Commons (https://commons.wikimedia.org/wiki/File:Kassenrezept_Muster_2008.svg)
S. 30: Shutterstock: Lyudmyla Kharlamova; Annalisa Scarpa-Diewald
S. 31: Shutterstock: Monkey Business Images, Jeanne Hatch, www.BillionPhotos.com, wavebreakmedia
S. 32: Shutterstock: iko, Andresr, grafvision, Kenneth Man, pathdoc
S. 33: Shutterstock: Rawpixel.com
S. 34: Shutterstock: Tarzhanova, 5, Karkas, Adisa, windu, Tarzhanova, TerraceStudio, photolinc, Supertrooper, Karkas, elenovsky, windu
S. 36: Shutterstock: Karkas, Gemenacom, elenovsky, Tarzhanova, Polryaz, NDT, yakthai, Elnur, Polryaz, mingman
S. 39: Shutterstock: Andrew Burgess, lukethelake, Petr Malyshev, pbombaert, Coprid, Coprid, Roman Pelesh, wiedzma, antpkr, holligan78, AlenKadr, Yanas
S. 43: Shutterstock: nikolae, fishvector, Walther S, Park Ji Sun, PROSTOR, SchottiU, JiSign; Fotolia.com: phokrates; Shutterstock: SchottiU, Stefanina Hill
S. 44: Shutterstock: Iakov Filimonov, Matej Kastelic, Areipa.lt; Fotolia.com: photoplus07; Shutterstock: Phovoir, Monkey Business Images, Twin Sails, LuckyImages, Monkey Business Images, Michal Kalasek, India Picture, wavebreakmedia